Salvamento

Dionne Brand

Salvamento

Leituras do naufrágio

Tradução:
floresta

ZAHAR

Grafia atualizada segundo o Acordo Ortográfico da Língua Portuguesa de 1990, que entrou em vigor no Brasil em 2009.

Título original
Salvage: Readings from the Wreck

Capa
Dylan Browne

Imagem de capa
Colors Hunter — Chasseur de Couleurs/ Getty Images

Preparação
Angela Ramalho Vianna
Clarice Zahar

Checagem
Érico Melo

Revisão
Adriana Bairrada
Julian F. Guimarães

Dados Internacionais de Catalogação na Publicação (CIP)
(Câmara Brasileira do Livro, SP, Brasil)

Brand, Dionne
Salvamento : Leituras do naufrágio / Dionne Brand ; tradução floresta. — 1ª ed. — Rio de Janeiro : Zahar, 2025.

Título original : Salvage : Readings from the Wreck.
ISBN 978-65-5979-243-6

1. Brand, Dionne, 1953- – Livros e leitura 2. Imperialismo na literatura 3. Negros na literatura 4. Racismo na literatura I. Título.

25-279029 CDD-811.54

Índice para catálogo sistemático:
1. Literatura canadense 811.54

Eliete Marques da Silva — Bibliotecária — CRB-8/9380

EDITORA SCHWARCZ S.A.
Praça Floriano, 19, sala 3001 — Cinelândia
20031-050 — Rio de Janeiro — RJ
Telefone: (21) 3993-7510
www.companhiadasletras.com.br
www.blogdacompanhia.com.br
facebook.com/editorazahar
instagram.com/editorazahar
x.com/editorazahar

Sumário

Recuperar os pertences de um naufrágio

Há um quadro do artista eritreu-estadunidense Ficre Ghebreyesus chamado *Solitary Boat in Red and Blue* [Barco solitário em vermelho e azul].[1] Para mim, é um quadro muito comovente, muito sedutor — talvez porque eu amo a cor azul, e quem não ama? Mas o azul e esse quadro são para mim tão luminosos, tão duplos. O barco de Ghebreyesus flutua em um mar verde-azulado brilhante junto de um céu verde esfumaçado, esmeralda. O barco tem uma aparência etérea, seu reflexo flutua na água; seu destino é toda parte. Esse barco aponta para uma outra realidade de barcos — barcos que conhecemos, em tormenta no Mediterrâneo ou no Atlântico. Eu quero estar no barco de Ghebreyesus, e talvez esteja; esse barco tem uma luz, e é um convite à incerteza e à abundância. Uma vez escrevi: "Mesmo um barco destroçado e condenado ainda guarda todas as possibilidades de movimento".[2] Mas *Solitary Boat in Red and Blue* não é um barco naufragado. É o espírito dos barcos sobre os quais falei naqueles versos. É um barco que se move com toda pressa, languidez e possibilidade. Um barco que é dois, três barcos, combinando com o barco ilusório de alguém: sólido, reflexivo e imaginado. As mariposas ou vaga-lumes que acompanham o barco com sua própria translucidez cinza-azulada parecem quase flutuar na água. E para onde o barco está indo? — eu me pergunto. E a resposta, parece, é algum lugar verde. Sua leveza e sua deriva indicam seu paradeiro e seu destino. Eu não me canso do quadro. Nossos olhos são sempre recompensados, e assim é por causa de seu movimento. Se desviamos o olhar, encontramos o barco em um outro lugar, em um novo lugar. "Solitário" é paradoxo aqui.

Há uma outra pintura de um barco que eu amo, *Exploración de las fuentes del río Orinoco*, de Remedios Varo.[3] Uma mulher, avatar de Varo, está sentada em um barco que é uma espécie de colete abaulado vermelho com um quê de peixe. Nesse barco ela chega à nascente do Orinoco e encontra, de forma algo peculiar ou irônica, uma mesa de centro com uma taça transbordando vinho que parece ser o início do rio. No quadro, a metáfora se transforma em uma crítica a tais sondagens exploratórias: elas resultam apenas em superconsumição e exploração.

Diferentemente da pintura de Varo, *Solitary Boat in Red and Blue* de Ghebreyesus não tem um destino tão específico nem um propósito tão direto e ganancioso. Nem tão irônico. Não há ninguém a bordo, mas parece que todas as pessoas que desejamos ser ou conhecer estão a bordo; então talvez alguém *esteja* a bordo. Seja qual for o caso, as intenções desse barco não são missionárias, com todas as relações violentas e coercivas que acompanham a "descoberta" e a "sondagem" para usos futuros; esse barco não busca informações ou conhecimentos comercializáveis. É um barco desprovido de bússola. E o fim de sua jornada ainda está aberto ao maravilhamento.

Nós ouvimos falar de naufrágios, muitos naufrágios. Não de porta-contêineres enormes como o *Ever Given*,[4] que encalhou no Canal de Suez,[5] não de cruzeiros de dez andares e trezentos metros de comprimento que levam turistas pelo mundo. Não daqueles naufrágios centenários, populares na literatura, que emanaram do que se costumava chamar de *viagem* e *aventura*. Não dos naufrágios em que ouro e tesouros são perdidos; não dos naufrágios daquela era violenta, cujos tesouros são ainda hoje procurados por aventureiros modernos com seus "métodos científicos". Nos naufrágios dos quais ouço falar, há uma outra perda no mar. Uma perda humana. São naufrágios de pequenas embarcações que levam pessoas e sua precariedade, atravessando o Mediterrâneo, o estreito de Gibraltar, o Atlântico e o golfo do México. São os barcos, pirogas e botes cheios de pessoas que tentam desembarcar em segurança, mas que podem ser barradas ou forçadas a seguir na direção contrária. Ou afogadas. Ou: desembarcadas só para se verem presas novamente em algum navio — no *Bibby Stockholm* —[6] bem similar aos navios-prisões[7] da Londres dos séculos XVIII e XIX.

Há muitos naufrágios agora, monitorados por regimes de fronteira e de segurança; são naufrágios que acabam em vidas perdidas. O que se salva aí, das pirogas naufragadas, são corpos, pequenos pertences, carteiras, celulares, camisetas, capas de chuva, casacos, chaves de casas e quartos, papéis molhados, valiosos apenas para aquelas pessoas que perderam a vida. E para aquelas que aguardam notícias de uma chegada em segurança. Um pescador tunisiano, Oussama Dabbebi, diz:

Em vez de peixe, tem vezes que eu pesco corpos. Na primeira vez eu tive medo, depois, aos poucos, fui me acostumando. Depois de um tempo, pegar um corpo na minha rede passou a ser como pegar um peixe. Uma vez encontrei o corpo de um bebê. Que culpa aquele bebê tinha?[8]

Essas vidas foram/são animadas pela necessidade e pela falta, e não pela aventura. Essas vidas foram/são destruídas pela necessidade e pela falta, pelas aventuras de forças totalitárias, acordos multinacionais, concessões petroleiras, concessões para o cultivo de cacau e extração de madeira, concessões minerais, concessões para o descarte de resíduos tóxicos e eletrônicos.

Os naufrágios mais antigos também tinham pessoas precarizadas — escravizadas. Mas as histórias que nos chegam dessas épocas, animando aventuras modernas, falam em sua maioria das riquezas/tesouros perdidos, como aquela da frota espanhola naufragada por um furacão no século XVIII: foram recuperados cinquenta milhões de dólares em moedas e correntes de ouro, e dizem que ainda há outros quatrocentos milhões escondidos no mar. E junto dos lingotes de ouro havia as pessoas escravizadas, também tesouros que seriam transformados em mais ouro.

Os oceanos de J. M. W. Turner, explosões de cor e movimento, são possíveis insinuações dessa catástrofe implícita. *Slavers Throwing Overboard the Dead and Dying, Typhoon Coming On* [Negreiros atiram ao mar os mortos e moribundos, o tufão se aproxima] (1840)[9] é a mais cáustica dessas pinturas, embora todos os oceanos de Turner sejam tumultuosos. Ainda assim, *Slavers* é o quadro que melhor evoca a indiferença que alimentava o cataclisma que acometeu milhões de pessoas sequestradas, escravizadas e transportadas da África — uma indiferença que conduziu os experimentos em aquarela de Turner, sem dúvida. Uma assombração que levou John Ruskin, em seu grande elogio ao *Slavers* de Turner, a usar a palavra "sangue" duas vezes, mas nunca "humano" ou "escravidão". Ainda assim, esse "sangue" é "cingido de condenação naquele matiz temeroso que tinge o céu de horror", como Ruskin escreve.[10]

Escrevo agora, aos quatro anos desde o início da pandemia de covid-19, e nesse meio-tempo os barcos continuaram/continuam partindo e chegando, mesmo que a pandemia em si, sua enormidade, possa ainda não ter nos atingido totalmente, a não ser nos momentos e nos dias em que não podemos acreditar quanto tempo se passou desde que uma coisa tão desconhecida — embora, suspeitamos, inevitável e realmente incontrolável — invadiu nossas vidas. E não apenas nossas vidas — costumamos dizer "nossas vidas" nos referindo apenas aos nossos universos sociais —, mas nossa própria viabilidade biológica. Suspeitamos cada vez mais de que aquilo que invadiu é algo irreparável, algo irreversível, impossível. Como um naufrágio. E as pessoas que avistam o naufrágio se sentem como mensageiras indesejadas de uma crise já e sempre em progresso. Sabemos que a deterioração da vida geológica do planeta é em si irreparável; a coincidência entre as grandes migrações humanas e a profunda crise geológica não passa despercebida para algumas pessoas entre nós. As migrações do Sul para o Norte têm tudo a ver com a exploração do Sul pelo Norte. A extração niilista de recursos cria condições físicas, sociais e políticas inabitáveis. Mas "Norte" e "Sul" são termos amplos. Os interesses inter-relacionados abundam no capital. Aquelas pessoas entre nós que vivem no Sul conhecem muito bem essa complexidade, e aquelas que vivem no Norte também — embora a superioridade metropolitana que venda os olhos costume obscurecer ou ignorar esse conhecimento. Seja lá quem formos "nós", a passagem desse tempo, esses últimos anos, tem sido algo como adentrar mais e mais um espaço cujos contornos ainda estão se revelando. Nós nos deparamos com alguma coisa. Com o quê? E quem é "nós"?

O capital respondeu e parece ter acelerado seu movimento, compensando e suplantando o que chama de suas perdas nos últimos anos. A pandemia deixou as manchetes, e nós voltamos ao "normal". Ou a um "normal" quadruplicado, com mais extração, mais guerra — os meios mais rápidos de crescimento do capital — e mais designação/erradicação dos seres humanos extrínsecos e dispensáveis ao projeto do "normal". O "normal", devemos concluir, é o niilismo-capital, que gera desastres geológicos e humanos, e é para onde "nós" estamos retornando. Esse "nós" insiste em uma espécie de agregado; mas algo sempre acontece com sua significação. Esse "nós" para o qual todas as pessoas foram recrutadas se agrupou em torno de um conjunto de comportamentos sociais que foram transformados em princípios. É um "nós" que toma por certa a trajetória histórica da atual configuração econômica dominante, com seus conflitos, tensões e contradições. Essa ideologia dominante escanteia os barcos como mortes antecipadas, como falhas pessoais ou culturais. Considera as migrações falhas de Estados fracassados, e não expulsões violentas necessárias para a nova economia política global. São o que Saskia Sassen, em seu livro *Expulsions: Brutality and Complexity in the Global Economy*,[11] chama de "violências elementares" que acompanham as chamadas economias complexas.

Esse pronome "nós" que invocamos é, em essência, um "nós" de consumo constante, detalhado e expansivo que se refrata em formas geopolíticas e históricas. Todas as pessoas entre nós são recrutadas para esse "nós", quer *tenhamos* ou quer *sejamos* os meios pelos quais outras pessoas extraem e consomem.

"Nós" e "a gente" estão sempre em fluxo. Os significados se desagregam com a autoconsciência. "Nós" é um agregado já desagregado. E mesmo nessa parcialidade há desagregação.

A pandemia nos paralisou. Nos paralisou e nós pudemos observar o grande movimento, a articulação de quem era "nós" e quem era "a gente".

No Norte global, nos forçaram a uma reconciliação com o resto do mundo. Não como mão de obra, como um lixão, um teatro de guerra ou uma área de extração de recursos; não como globalização — significando a total vinculação dos recursos e da mão de obra mundiais ao projeto capitalista neoliberal. Na verdade, um amplo "nós" no Norte global sentiu brevemente como é viver no Sul global — sob cerco, sob carência, sob controle. O mundo se dobrou feito tecido ou papel nesse desconfortável reconhecimento do "nós" — de seu todo geológico. De repente sentimos a terra como se pisássemos na mesma superfície oscilante. A terra comprimiu o ar e o tempo — e por um breve momento tornou supérfluas todas as distinções. Passamos de mundo para Terra e planeta, e percebemos que o planeta é indiferente a nós. O planeta segue de qualquer forma — o planeta nos varrerá, não tem nenhum interesse em nós, nenhuma compaixão.

A pandemia nos permitiu ver e pensar; ou nos forçou a ver e pensar; ou forçou outras pessoas entre nós a se recusar a ver e se recusar a pensar — e para algumas pessoas entre nós ocorreu que este deve ter sido o sentimento por décadas em algum outro lugar. Não se tratava de uma tragédia comum acontecendo em algum outro lugar, mas em todos os lugares; e por um curto tempo "nós" não era um outro alguém, mas todo mundo. Ou: todas as pessoas eram um outro alguém; e nós que éramos um outro alguém seja lá onde estivéssemos, enfim... bem, nós éramos todo mundo *e* um outro alguém como sempre fomos. O mundo mudou. O Norte global não podia distribuir seus habituais olhares compassivos de pena e culpa, divorciado de sua cumplicidade nas condições que emanam de nossa/sua maneira de viver no mundo. Nós paramos. Por um tempo curto, quer dizer, ou tanto quanto a memória costuma durar no Norte global — até que os mercados de ações se corrigissem; até os comentaristas retomarem suas narrativas racistas da diferença. Por um tempo curto, nos pararam, nós ou muitas pessoas entre nós — até as cadeias de abastecimento descobrirem suas novas e velhas trajetórias.

Mas essa imobilidade do mundo ainda paira, pressionando todos e alguém, sobre um planeta indiferente; essa imobilidade do mundo se sobrepõe e se projeta, apesar de nossa contínua inclinação para a direita, em direção a uma normalidade assassina, estratificadora e mortal. Trata-se de uma imobilidade que agora encontramos entre todos os momentos da vida; uma imobilidade que não pode ser descrita pelos mercados e pelas cadeias de abastecimento ou pela interpretação dominante acerca do normal; uma imobilidade da qual as pessoas não podem ser totalmente reclamadas ou devolvidas àquela interpretação dominante. Nessa imobilidade, nós supomos que devemos atentar para alguma urgência em seu processo de autodefinição.

No início dessa temporada de imobilidade, dessa temporada de observação, em sua tentativa de nos unir em um "nós" generalizável, de inspirar confiança no projeto falho de um "nós" para manter nossos ânimos elevados, comentaristas e repórteres perguntavam: "Como passaremos por este momento?" e "O que devemos ler para nos ajudar a seguir em frente?". Perguntavam: "Algum escritor ou escritora já forneceu uma chave para entendermos, para transformarmos, para escaparmos deste tempo; para lidarmos com ele?"; "Será que o cânone literário guarda qualquer bálsamo, qualquer conselho?". A pergunta implícita era: algum conjunto de textos europeus ou anglo-estadunidenses forneceria um mapa, um guia para o caminho e para a saída? Isso, é claro, apontava diretamente para o "nós" agregado, aquele que se aglutina na branquitude, ou o gênero humano cuja pré-condição é a branquitude. E justo então alguém escreveu no *Guardian*: "What We Can Learn from Elizabeth Barrett Browning's Years in Lockdown" [O que podemos aprender com os anos de isolamento de Elizabeth Barrett Browning]. O ensaio prosseguia: "Após ser diagnosticada com uma doença respiratória grave, a poeta foi forçada a viver em isolamento. A maneira como respondeu a isso traz ensinamentos valiosos de enfrentamento. O isolamento a ensinou a abraçar a liberdade da viagem quando a oportunidade chegou". (E não é bem aí que "nós" estamos agora? E não é por isso que o planeta continuará suas idas e vindas? E quem é que pode viajar neste momento?) A comentadora continuava:

> E o mesmo material ainda me ofereceu um ensinamento fascinante para enfrentar o que acontecia no meu próprio mundo. [...] Sua compreensão da autoinvenção por meio de uma espécie de "segunda vida" me lembrou de todas as amizades de repente reconfiguradas no Zoom. Também percebi que sua prática antecipou muito de perto a comunicação digital de hoje: não apenas adolescentes e nerds, blogueiras e estrelas do TikTok, mas jornalistas, ativistas e também aquelas pessoas policiadas por regimes autoritários.[12]

(Ironicamente, eu vinculei essa "segunda vida" [*second life*] e sua ressonância com aquele jogo on-line epônimo em que criamos um avatar e interagimos com outras pessoas.) A escritora tenta criar alguma conexão, traçar uma linha do passado para o presente, mas é isto: essa conexão se dá através da branquitude — o "nós" branco, uma metonímia para todos os "nós", invocado de uma forma inocente, casual.

E *de fato* a vida burguesa da Inglaterra do século XIX nos convoca: a escravatura e as fortunas feitas na escravização nos cercam. Essas convocações chegaram no Norte global, no meio da pandemia, plenas e ambiciosas, e como exemplares — como portadoras de valor legal em suas exigências. Naturalmente, se o mundo estava desabando durante a pandemia, então seus elementos constitutivos também estavam ameaçados; e se um desses elementos era a branquitude, então seus tropos, sua narrativa, precisava de apoio. Sua propriedade narrativa precisava ser afirmada. Ou, de forma mais inocente, o aparato narrativo que fundamentava e sustentava seu domínio veio em sua defesa.

À articulista do *Guardian* não ocorreu Harriet Jacobs, observei. Nem a mulher escravizada que narra "The Runaway Slave at Pilgrim's Point", poema de Browning de 1848. Elizabeth Barrett Browning, cuja família fez fortuna com a escravidão na Jamaica, viveu na mesma época que Harriet Jacobs, que passou sete anos escondida em um sótão de um metro de altura por três de largura e dois de comprimento, fugindo do dr. Norcom, o homem branco que dizia ser seu proprietário. Em 1861, ela publicaria *Incidentes na vida de uma menina escrava*.[13] Nessa narrativa, ela reconta seus anos na escravidão, os sete anos de confinamento, e então narra os anos que passou no Norte trabalhando para libertar o filho e a filha. Talvez seja *esse* o texto que deveríamos ler em busca de ensinamentos de sobrevivência. Talvez devêssemos buscar algumas lições naquilo que Jacobs descreveu como sua "brecha do refúgio" (abordada de forma tão brilhante pela escultora Simone Leigh);[14] talvez devêssemos recorrer a Jacobs para aprender a sobreviver à clausura devastadora e ao vazio existencial, para aprender a imaginar e tornar real algo como a liberdade.

Imediatamente eu também pensei em todas as autorias que li em nosso longo período de enfrentamento, para resistir ao racismo que nos cerca e que paira sobre todos os nossos esforços, pressagiando tudo o que está por vir. E me vi perplexa diante dessas referências a um cânone literário que sem dúvida tentou apagar, pela clausura e pelo confinamento, a experiência negra no mundo atlântico, reproduzindo continuamente a experiência burguesa branca como a única dotada de "significado". Mas minha reação imediata, mais inocente, foi o espanto — como sempre nos espantamos diante da continuidade da escravidão e do colonialismo. "Meu deus", eu pensei. "É só ler qualquer autora ou autor da tradição negra para saber como sobreviver a tudo. Ou escritores e escritoras do Sul geopolítico, que também devem encontrar um caminho para atravessar e contornar esse 'nós' insistente."

Leia *Amada*, de Toni Morrison, e veja Sethe e Paul D sobrevivendo à escravidão e conduzindo cuidadosamente suas vidas na fúria antinegros ainda fulminante da Reconstrução e seu fim brutal. Leia *Condições nervosas*, de Tsitsi Dangarembga, sobre Tambu, Nyasha, Babamukuru, Lucia e outras pessoas que vivem sob pressão enquanto uma cosmologia eclipsa forçosamente outra cosmologia. Leia *The Lonely Londoners*, de Sam Selvon, em que milhares emigram do Caribe para Londres de barco, compreendendo sua posição instável e navegando por essa instabilidade com humor e seriedade e todo o necessário para sobreviver ao império no coração do império. Leia *The Farming of Bones*, de Edwidge Danticat, em que o povo haitiano na República Dominicana, no curso de sete dias do ano de 1937, viveu um genocídio sob a ditadura de Trujillo. No romance, Amabelle Désir sobrevive com compaixão, tendo perdido seu amante e as pessoas ao seu redor. Leia as diaspóricas *Counternarratives* de John Keene, que viajam do século XVII até o presente, de Juan Rodrigues no conto "Mannahatta"* até as pessoas em uma sala de

* Palavra algonquina que significa "ilha de muitas colinas". Os lenapes habitavam Manhattan, em Nova York, milhares de anos antes da chegada dos europeus e assim denominavam a região. (N. T)

interrogatório pós-colonial sem nome no conto "The Lions".[15] Leia essas obras para entender como as pressões contínuas e intensas encerram uma vida, restringem seu movimento, tornam indefinidos todos os planos, moldam todos os dias, mas não enquadram seu propósito. Leia para entender a espera. Leia para encontrar a paciência, o artifício, a imaginação e a alegria.

Tantos romances das tradições negras são romances de resistência e sobrevivência em tempos de confinamento e angústia material e existencial. Tantas obras relatam a sobrevivência e a resistência pela compaixão, com decisão, conhecimento, humor e uma determinação de viver de uma outra forma. Esses textos (romances, contos) surgem, metabolizam e atuam no mundo da extração niilista. Seu campo imaginativo é a grande catástrofe que sustenta o que chamamos de Américas. Em toda a minha vida de leitora, eu tenho buscado essas obras como um alívio, como um bálsamo, como um mapa, como um vestígio, como uma análise, como uma hipótese sobre a chegada da liberdade no interior daquilo que é circunscrito e possivelmente fatal. Um mundo está sempre acabando nesses livros. Um mundo está prestes a começar nesses livros, ou prestes a ser reprimido; prestes a "ser" nesses livros, mas sem garantias. É esse o aparato sensorial traçado por essas obras. Os desfechos das obras são vivos — quando morrem, é claro; mas vivem como se estivessem vivos.

O NAUFRÁGIO É A PRÓPRIA BIBLIOTECA, e o salvamento é a vida que vence o naufrágio. Que vence essa biblioteca. *Solitary Boat in Red and Blue* vence os barcos frágeis, representando todos os desejos que essas embarcações guardam e carregam.

Então, eu me pergunto, o que é uma vida atenta a esse aparato sensorial e animada pelos livros, como a minha vida tem sido? O que é uma vida que atravessa esse *monopólio da interpretação* (como Fredric Jameson o chama) que as narrativas coloniais representam? Bom, poderia ser uma vida animada mas também destruída pelos livros — quer dizer, animada mas também destruída pelas histórias que desprezam a vida, que ocultam a experiência, que negam a experiência, quantificam a experiência ou ajustam a experiência. O que é essa vida? Uma vida animada pelos livros é algo que todo o mundo pode entender, mas uma vida destruída pelos livros é uma proposição mais complexa, contraditória e misteriosa. O naufrágio, é evidente, pode ser uma vida.

Eu observo o, e sobrevivo ao, monopólio da interpretação que toma a arte de quem sobrevive à catástrofe e a relega ao espetáculo ou à patologia, e a um símbolo do que é sempre não "nós". Não arte. Não uma junção dos materiais de percepção que avaliam e conhecem a vida e o que é vivido. Não um conjunto de entendimentos e gestos de transformação. Então o risco de seguir em frente aqui é o risco de ser lida por algumas pessoas dessa forma. Quando eu usar o autobiográfico, trata-se de um artifício. Não é um convite para se testemunhar transparência. O autobiográfico, onde ele aparece, foi pensado e repensado, ponderado, analisado, remodelado como arte e transformado em teoria através desses processos. Minhas ficções talvez sejam os únicos lugares onde o autobiográfico aparece na minha arte carregando um pequeno vestígio de si. E ainda assim diluído.

Este livro é um outro tipo de investigação forense. É uma investigação sobre a forma como uma leitora é feita. E desfeita. É uma investigação sobre a substância literária da qual sou feita — já que é possível que, agora, eu seja sobretudo substância literária — e da qual tenho que me recuperar; e, se não me recuperar, ao menos me reconstruir.

Uma autobiografia da autobiografia da leitura

1. uma aparência, uma aparição

Existe uma foto minha tirada quando eu era criança. Eu não me reconheço, embora me lembre, acho, do dia e do evento. A menina na fotografia, supostamente eu, tem três ou quatro anos. É a única fotografia da época. Dizem que eu sou uma das quatro crianças na foto; as outras três são minhas irmãs e minha prima mais próxima. Eu *as* reconheço. Somos quatro meninas. Dizem que eu sou a segunda a partir da esquerda, a terceira a partir da direita. Todas levamos fitas brancas no cabelo. Estamos tirando uma fotografia para enviar para a Inglaterra, para a minha mãe e sua irmã mais nova, que estão lá para se tornar enfermeiras. Alguns anos antes, elas haviam partido de barco, de navio, talvez um navio da Cunard,[16] de cujo nome minha tia não se recorda, embora ela se lembre de ter passado por Tenerife e pensado, no convés, que um dia gostaria de ali voltar. Ainda hoje minha tia diz isso com o mesmo desejo de então. Pelo telefone, no presente, Tenerife é vívida em sua lembrança como um lugar de beleza, como um outro mundo. Elas desembarcaram no porto de Southampton, minha tia e minha mãe, em algum momento do ano de 1956. De Southampton elas pegaram um trem para Londres, onde foram apanhadas pelo hospital para o qual haviam sido designadas. Eu iria me deparar com esse trajeto barco-trem mais tarde, na primeira frase, maravilhosa, do romance de Samuel Selvon, *The Lonely Londoners*:

> Em uma noite sombria de inverno, quando Londres ganhava uma qualidade irreal, com uma neblina pairando em um sono inquieto sobre a cidade e as luzes despontando naquele borrão, como se ali não fosse de forma alguma Londres, mas um lugar estranho em um outro planeta, Moses Aloetta pega o ônibus 46 na esquina da Chepstow Road e da Westbourne Grove com destino a Waterloo para encontrar um camarada que chegava de Trinidad no trem do porto.[17]

Imagino que minha mãe e minha tia encontraram a mesma Londres descrita por Selvon. Quando tiramos a fotografia, a ideia é enviar para a minha mãe e para a minha tia, mas também para a Inglaterra. A Inglaterra está no ar da casa. O país costuma ser referido com reverência como "o exterior" ou "o estrangeiro". A Inglaterra é a destinatária, tanto quanto minha mãe e minha tia; e para a Inglaterra, que só fica atrás da minha mãe e da minha tia, nós temos que mostrar uma boa aparência. Elas chegaram em Londres com a impressão de que também tinham de mostrar uma boa aparência para que elas e nós fôssemos aceitas e aceitáveis. A menina que dizem ser eu é para mim a pessoa mais ativa da foto, ajudando o fotógrafo a fazer a fotografia correta. Eu me lembro da minha irmã mais nova e da minha prima chorando, e do fotógrafo, o sr. Wong, me encarregando de distraí-las com um chocalho. Levo meu trabalho a sério. Mas, agora me parece, de forma mecânica. Temos de olhar para a câmera, o sr. Wong diz. "Meninas, sorriam! Não chorem." Eu me lembro de tentar seguir as instruções delc; minha irmã mais nova está chorando, e minha prima estremece, solidária. Minha irmã mais velha parece distante, com seus próprios ajustes. Lembro de todas essas ações, mas não reconheço a menina que sou eu na fotografia. Seja lá quem eu pareça ser, sou simplesmente isto: uma aparição — como quando você se depara com uma figura no outro lado da rua refletida em um prédio de vidro. Ou algo ainda mais remoto; não consigo discernir nenhuma similaridade gestual entre nós. Fora a minha irmã mais velha, nós, as crianças, não nos lembramos da minha mãe e da minha tia. Nós três, as mais novas, só sabemos delas pelas histórias, pelas frequentes invocações dos seus nomes na casa onde moramos. Minha mãe e minha tia estão na imaginação, e assim também a Inglaterra, onde elas vivem agora e onde dizem que estão se saindo bem. Estamos todas ligadas à Inglaterra, e a Inglaterra está ligada à imaginação. Depois disso, todas as cartas — todas as comunicações e informações, todas as palavras de afeto e todos os pedidos — serão enviadas para e chegarão vindas de Wandle Valley Hospital, Mitcham Junction, Surrey, Inglaterra. Sessenta anos depois, minha irmã mais velha ainda lembrará o endereço de cor. E todas as cartas, indo e vindo, começarão com o cumprimento: *Querida _____, espero que esteja bem e gozando de boa saúde.* A Inglaterra será a destinatária, a plateia. A Inglaterra é o lugar melhor. Nossas vidas girarão em torno dessas cartas enviadas e recebidas e serão decididas por elas.

Todo mundo diz que a menina se parece comigo. Não sei, não. Eu não me reconheço. Já fui mudada na fotografia, deixando de ser eu mesma para seguir as instruções do fotógrafo; eu já fui mudada, pensando em me compor para a plateia. Agora eu me reconheço como inventada, alterada. Escolhida, selecionada entre uma série de eus em nome da aparência e da apresentação. Todas as fotografias são assim, é claro. De forma consciente, ansiosa, confiante ou deliberada, cria-se uma aparência que deve manter e transmitir o significado de uma pessoa — ou o sentido de quem tira a foto. Esse é o *studium*, como descreve Barthes em *A câmara clara* — e espera-se que aquela fotografia alcance e reconforte um público espectador. E provavelmente é o que acontece. Embora nós, quatro crianças, não tenhamos qualquer intenção consciente, e é por isso que estamos chorando, distraídas ou atentas ao fotógrafo — e esse é o *punctum*. O fotógrafo, ou o trabalho que o fotógrafo deve fazer, é perturbado pela falta de decoro de alguns sujeitos, as atitudes discrepantes das meninas que, apesar de alertadas sobre a importância e sobre a despesa da ocasião da fotografia, respondem de formas totalmente individuais. Não é nem sequer sua intenção perturbar nada; elas foram alertadas de que não deveriam se comportar mal, eu me lembro. Mas entraram em pânico diante dessas disciplinas. Entraram em pânico com o estranho que é o fotógrafo, com o cheiro de linóleo novo da sala onde a fotografia está sendo tirada, com o tripé, com a câmera, com o alerta de bom comportamento e com o desejo tímido de serem vistas pela mãe e pela tia na Inglaterra. Por fim, a fotografia não consegue fazer tudo o que se espera dela: a fotografia produz a semelhança das crianças, mas elas mesmas estão no meio do processo de ser alguma coisa — ainda são influenciáveis, permeáveis; dá para ver tudo isso na fotografia — e isso perturba a função para a qual a foto está sendo enviada. Elas não estão/nós não estamos adequadamente compostas. A foto talvez também confirme a disciplina ainda por aplicar. Embora o sr. Wong tenha nos posicionado por altura, e apesar de seus ângulos, da cortina atrás de nós e da composição do piso de linóleo, a foto não é capaz de conter as meninas. E permaneceremos, talvez, nesse limiar entre fotografia e significado — permeável. Talvez não.

A permeabilidade evidente na fotografia cederá a instruções daí em diante — instruções que também vêm dos livros escolares ingleses, dos testes acadêmicos ingleses, da literatura inglesa fornecidos pelo aparato colonial. Eu seguirei para a Escolinha da sra. Greenidge, eu seguirei para a Escola Católica Inglesa para Meninas de San Fernando, eu seguirei para o Colégio Naparima para Meninas, enviando cartas e recebendo instruções da Inglaterra; de Surrey, e então de Croydon; e então de *Pip and the Convict*, *Dick Whittington and His Cat*, "Bobby Shafto's Gone to Sea", "To a Butterfly", *"Oh Mary, go and call the cattle home/* [...] *Across the sands o'Dee"* —* que foram se tornando, se tornando a representação do eu, denotado pela oportunidade do evento fotográfico.

Uma fotografia. Um retrato, desejado, que se estabelece e perfura o quadro da fotografia. Todas as relações reunidas para compor o retrato — as crianças; a mãe e a tia que aguardam a fotografia; a pessoa adulta fora do quadro que levou as crianças até lá para tirar a foto; o fotógrafo, que já tirou tantas fotografias do tipo para serem enviadas a mães, tias, pais e irmãs; a Inglaterra, observando aquelas crianças

* Em tradução livre: "Oh, Mary, vá e chame o gado para casa/ [...] Pelas areias do rio Dee". Trecho do poema "The Sands of Dee" (1850), de Charles Kingsley. (N. T.)

por cima dos ombros de mães e tias. Esse retrato poroso é cheio de múltiplas autobiografias: o sr. Wong, o fotógrafo, provavelmente traça o caminho de sua família até a servidão por contrato infligida às pessoas de origem chinesa — desde 1846, ou mesmo antes, 1806 (a servidão por contrato indiana, iniciada em 1845, também faz parte da história da cidade na qual o estúdio de fotografia opera); as crianças, cuja história remonta ao período de extermínio dos aruaques/caraíbas e à escravização e transporte de suas famílias da África Ocidental para o Novo Mundo. Tudo isso se encontra em um estúdio fotográfico para seguir um costume marcado passo a passo pelo imperativo colonial. Todas essas trajetórias violentas estão sintetizadas na fotografia. O ato de tirar a fotografia é profundamente calculado para "chegar lá", para se alinhar com o imperativo. É uma tentativa de "parecer", de sincronizar com o tempo da modernidade colonial, da subjetividade adequada.

Chamo esta parte de *Salvamento* de "Uma autobiografia da autobiografia da leitura", começando com "uma autobiografia" indefinida e deixando em aberto a possibilidade de múltiplas autobiografias, das quais esta é apenas uma iteração, particular mas não individual. O artigo indefinido infere apenas um relato, mas não um relato estável. Os materiais físseis de sua construção através da colonialidade deixam em aberto alterações moleculares que podem gerar numerosas autobiografias. Junto dessa "*uma* autobiografia" indefinida outra pode ser criada, produzida simultaneamente. Quero dizer que o relato não deve ser considerado um relato da minha vida, mas uma análise da leitura. *Uma* autobiografia aponta para o mundo de um eu leitor. Aponta para as formas complexas de leitura e interpretação necessárias sob as condições da colonialidade. Sugere que a colonialidade constrói exteriores e interiores — mundos a serem escolhidos, perturbados, interpretados e navegados — para que se possa viver algo como um eu verdadeiro. O que quer dizer que eu poderia ser uma outra pessoa. Eu poderia ter me afogado em seu volume; poderia ter sido enterrada sob o seu peso. Poderia ter sufocado, lutando para respirar nas atmosferas tóxicas da colonialidade. O artigo definido do segundo sintagma, "da autobiografia", identifica o sujeito que deveria ser moldado por pedagogias coloniais na forma de textos — ficção, não ficção, poesia, fotografias, estruturas governamentais e burocráticas. Esse sujeito, situado onde os passados e os futuros violentos da colonialidade se encontram, é exaltado nesses textos de forma a ser governado com violência e apagamento, e a suprimir a compreensão desse governo como violência e apagamento.

II. não vistas, não lidas

O GRANDE POLÍMATA — historiador, romancista, crítico e cientista político — C. L. R. James começa seu elegante livro sobre críquete, literatura e política, *Beyond a Boundary*, com um capítulo chamado "The Window". Nesse capítulo, ele descreve a janela da casa de sua infância, na virada do século XX — por essa janela, ele via o campo de críquete da cidade de Tunapuna. Ali, aos seis anos de idade, ele passava muitas horas de seus sábados sentado em uma cadeira e vendo os homens praticando a arte do críquete. Ele também descreve uma infância de leituras incessantes — em particular *Feira das vaidades* de William Thackeray. James escreve: "Thackeray, e não Marx, foi quem mais me influenciou".[18]

Thackeray, e não Marx, foi quem mais me influenciou. Analistas se debruçaram sobre essa frase de James, chegando a várias interpretações. Uma delas é que James estava indiretamente criticando Marx, mas, quando lemos as frases antes dessa, podemos chegar a uma resposta mais verdadeira. "Eu ria sem parar das piadas, do sarcasmo e da gozação que Thackeray lançava sem parar em direção à aristocracia e às pessoas em altas posições."[19] Aqui, James credita a Thackeray a exposição da hipocrisia da aristocracia britânica do século XIX. E, por sua vez, responde com o conhecimento de um homem que se encontrava historicamente do outro lado, em oposição a essa aristocracia. James continua:

> Mas as coisas que eu não notava e tinha como certas eram mais persistentes: a reticência britânica, a autodisciplina britânica, o controle emocional. Quando o major Dobbin volta da Índia e ele e Amelia se cumprimentam, Thackeray pergunta: por que Dobbin não fala? [...] George Osborne escreve uma carta fria e dura para o seu pai, distante, antes de ir para a batalha, mas beija o envelope, e isso, Thackeray observa, o pai dele não vê.[20]

Aí, James aponta para as convenções morais estabelecidas na época, convenções que estavam para se tornar tropos na consciência nacional, nos quais James foi inculcado, apesar de suas contradições gritantes. Então há os trechos em que ele fala sobre as práticas educacionais no mundo colonizado: "Não só os professores de inglês, mas os ingleses em sua relação com os jogos nas colônias, se apegavam firmes ao código como exemplo e como marca da diferenciação".[21] Códigos de retidão moral, reserva, virtude e jogo limpo eram apresentados às colônias como algo particularmente britânico e essencialmente inalcançável, mas que as pessoas colonizadas deviam imitar. E aqui James fala da forma como esses códigos da colonialidade recaem com muita força e contradição sobre as pessoas colonizadas:

> Lá estava eu, um ator em um palco no qual os papéis eram decididos antes. Eu não apenas levei tudo ao extremo como parecia ter sido feito por natureza para isso e nada mais. Outras pessoas ao meu redor não haviam ido tão longe nem se entregado tão completamente quanto eu.[22]

Beyond a Boundary analisa o críquete para apresentar os termos da colonialidade determinados pelos britânicos, e então detalha a apropriação e a destruição desses termos por meio desse esporte nas Índias Ocidentais dos anos 1940, 1950 e 1960.

> Nas Índias Ocidentais, a ética do críquete moldou não apenas os jogadores, mas a vida social como um todo. E isso é dizer pouco. Toda uma geração nossa, talvez duas, foi formada por essa ética, não apenas no comportamento social, mas em sua vida mais íntima, e aí mais do que em qualquer outro lugar. Nós poderíamos mudar o comportamento social até certo ponto se fosse nosso desejo. Mas o destino estava selado para o eu interior. [...] Além da moderação, não tanto externamente quanto em relação a inibições internas, nós aprendemos sobre lealdade. É bom ser leal àquilo em que se acredita — no entanto, isso talvez seja uma tautologia. A lealdade àquilo que é errado, antiquado e reacionário é nociva. E com isso, no geral, todas as pessoas concordam, mesmo as reacionárias.[23]

Lisa Lowe, em *The Intimacies of Four Continents*, interpreta a formulação de James — de que Thackeray, e não Marx, o formou — como uma apreciação da maneira como o romance descreve a história do império global:

> A literatura e a cultura mediaram as circunstâncias mundiais do início do século XIX, não refletindo-as literalmente de forma estabelecida e transparente, mas antes tematizando os modos pelos quais a cultura imperial reconhecia e ao mesmo tempo suprimia as contradições emergentes da época [...]. A literatura faz a mediação dessas forças assimétricas, dominantes, resi-

> duais e emergentes na medida em que pode retratar que tais condições costumavam ser mais compreendidas como efeitos isolados, vislumbradas em objetos particulares da malha social, não sendo sistematicamente enquadradas nem entendidas em sua totalidade.[24]

Lowe aborda a função da literatura no projeto imperialista não como um mero efeito colateral fortuito, mas como uma parte ativa e interessada do projeto.

Com a mediação da literatura, eu também acho que Thackeray, e não Marx, me formou. Me formou e me "desformou". Porém mais importante, talvez, James me formou: seu livro majestoso sobre a revolução haitiana, *Os jacobinos negros: Toussaint L'Ouverture e a revolução de São Domingos*; seu romance *Minty Alley*; sua teoria política, *Notes on Dialectics*. Eu conheci esses livros em paralelo e simultaneamente aos romances britânicos. Isso foi na era do anticolonialismo — a Conferência de Bandung,* os movimentos emergentes pela independência. E, quando li *Beyond a Boundary*, aquele trecho me levou de volta a minha própria infância e para a minha primeira leitura de *Feira das vaidades* — de volta para Amelia Sedley, Becky Sharp, William Dobbin, Rawdon Crawley, George Osborne.

Como James, eu era muito nova quando li *Feira das vaidades* pela primeira vez, aos doze anos, talvez, e depois aos vinte, em uma aula de literatura do século XIX na universi-

* Evento histórico que reuniu lideranças de países asiáticos e africanos em Bandung, na Indonésia, entre os dias 18 e 24 de abril de 1955, com o fim de estabelecer uma união entre os países do Sul global contra as forças imperialistas e colonialistas. (N. T.)

dade. A memória da leitura na infância não me traz (pelo menos não na superfície) lições sobre moderação e o código da masculinidade, inibição, nem sobre a grande extensão daquela última dominação colonial, ingeridas como o aceitável e inevitável, representando a malha das hierarquias sociais, o próprio mundo material. Para mim, a memória evoca os códigos da feminilidade e suas lições. Amelia Sedley e Becky Sharp foram retratadas em um nítido contraste moral — Amelia: gentil, de bochechas rosadas, sorridente, dócil e boa; Becky: astuta, ingrata, amarga e destinada a nada que preste. A narrativa me intimou a seguir o exemplo de Amelia Sedley, que era inocente e alheia ao mundo, e que, portanto, estava segura; e Becky Sharp, mundana demais, esperta demais, gananciosa demais, entendida demais, estava, portanto, condenada. Eu ficava do lado de Amelia, torcendo por sua felicidade, torcendo para que conquistasse Osborne, torcendo para que Dobbin cuidasse dela. Por que Becky não se *comportava*?

Como o próprio Thackeray diz depois:

> A srta. Sedley (que escolhemos justamente por ser a mais amável, pois, de outra forma, o que nos teria impedido de pôr a srta. Swartz, a srta. Crump ou a srta. Hopkins em seu lugar de heroína?)... Não poderíamos esperar que todas tivessem o temperamento humilde e gentil da srta. Amelia Sedley; que todas aproveitassem cada oportunidade para sobrepujar a dureza e o humor intratável de Rebecca; e, por mil palavras e atos amáveis, superassem, de uma vez por todas, a hostilidade dela para com os seus.[25]

Uma óbvia paródia da feminilidade, entretanto, porque, afinal, o/a resultado/alternativa não figura como um sucesso no texto, e fui levada a escolher. A possibilidade de ser Becky Sharp era temida e vista com suspeita por outros motivos. Becky Sharp acenava para a negritude nesse aspecto de querer o que não se tinha e crescer na amargura de não ter; de discernir o projeto de tornar-se enquanto se encontrava fora do projeto de tornar-se.

Então há outra figura que aparece na página 7 da minha edição de *Feira das vaidades*: "A srta. Swartz, a mulata de cabelos encaracolados de St. Kitts".[26] Mas eu mal me lembrava dela, e só fui encontrá-la depois, como uma grande surpresa, em minha releitura. Thackeray também tinha um desenho da srta. Swartz, um desenho que eu devo ter decidida ou friamente esquecido, pois, para mim, tratava-se de um desenho horrível de uma mulher negra aparentemente desconfortável em um traje vitoriano brega. Ler uma narrativa requer, exige, atos de identificação, associação, afiliação, simpatia e empatia, uma disposição de habitar. E enquanto James se identificava com e habitava o fiel, leal e comedido Dobbin e o heroico George Osborne, eu me identificava com a boa, gentil, amável e algo insípida Amelia. (Lembre-se de que "insípida" é uma das categorias de feminilidade.) As geopolíticas do império já haviam me preparado para essa identificação, como haviam preparado James para a dele — os produtos, a informação, as estruturas burocráticas, a configuração física colonial do lugar atenuando a localização, os sistemas educacionais nas escolas, a linguagem e os modos — as hierarquias já estavam estabelecidas, e, assim, as ambições. Ou, pelo menos, eu fui convidada a habitar Amelia pela mera apresentação de sua inocência e bondade, de seu silêncio, letargia e insipidez; e a atribuição desses traços como personagem ou "caráter" no texto. Um bom caráter.

Mas como a srta. Swartz me passou despercebida? Por que eu não habitei a srta. Swartz? Sim, ela não era a protagonista, mas por que eu me esqueci dela? E por que, ao ler e reler, a srta. Swartz sempre foi uma surpresa para mim? Um choque que me afastou da narrativa e a perturbou, ameaçando impedir seu avanço? E como, como eu pude deixar passar, já na primeira página de *Feira das vaidades*, uma outra figura, como eu pude passar direto por ele na leitura? Ele era, afinal, o mecanismo de abertura que transportou todo o texto de Thackeray. Ele tocou a campainha para abrir os portões da escola da srta. Pinkerton, conduzindo as protagonistas para o palco da vida. E, é claro, *Feira das vaidades* é uma paródia, uma crítica à Grã-Bretanha aristocrática dessa fase do imperialismo. Mas o imperialismo escapa à crítica, e a negritude é duplamente parodiada. Porque a negritude *é* uma paródia. Então, como *eu* deixei passar Sambo? Na primeira página! Que falha de interpretação permitiu isso? Por que eu só fui notar Sambo, com um reconhecimento consternado, depois de anos de assimilação e então descompressão da estética imperialista? Eu ignorei Sambo e a srta. Swartz ou só os naturalizei? Eu os engoli como uma refeição indigesta, mas necessária, da colonialidade no caminho de, entretanto, me integrar e me identificar com o colonial? Para o texto funcionar com uma leitora como eu tal como me pretendo, não posso ver a srta. Swartz; não posso me lembrar dela ou de Sambo. Ela, ele, as duas personagens, devem permanecer como uma eterna surpresa. Como a surpresa de eu me ver não como eu mesma. Decepcionada, eu devo ter reconhecido a srta. Swartz como um retrato meu, como a representação da negritude e de todas as suas significações, e mesmo criança eu entendi que a srta. Swartz e Sambo não tinham um futuro na narrativa, que ela e ele estavam sujeitos a sanções terríveis.

Eis Sambo na primeira página de *Feira das vaidades*:

> Encontrava-se o presente século em plena juventude, e em certa manhã ensolarada de junho acorria ao grandioso portão de ferro da escola para jovens senhoras da srta. Pinkerton, em Chiswick Mall, uma grande carruagem de família puxada por dois cavalos vigorosos em arreios brilhantes, conduzidos por um cocheiro robusto com um chapéu tricorne e uma peruca, a uma velocidade de seis quilômetros por hora. Um criado negro, sentado na caixa ao lado do cocheiro robusto, estendeu suas pernas arqueadas assim que a carruagem parou diante da placa de latão brilhante da srta. Pinkerton, e, enquanto ele tocava o sino [...].
>
> "É a carruagem da srta. Sedley, irmã", disse a srta. Jemima. "Sambo, o criado negro, acaba de tocar o sino; vejo que o cocheiro tem um colete vermelho novo."[27]

Mais uma vez, eu pergunto: como, em minha primeira leitura, eu os deixei passar? Ou realmente deixei? A srta. Swartz é mencionada trinta e seis vezes. Embora sua condição de riqueza como filha de um dono de terras (que, ficamos sabendo, é judeu) e de uma mulher negra desconhecida (lê-se: *escravizada*) eventualmente leve a srta. Swartz a se casar com a aristocracia, em *Feira das vaidades* Thackeray carrega na tinta com a personagem sem sugerir nenhuma qualidade sua em particular que se deva enfatizar. Ele deixa que cheguemos, quase por conta própria, na raça, na negritude, como sua qualidade risível. Sambo e a srta. Swartz são figuras cômicas. O cômico parece posicionar Sambo e a srta. Swartz em uma relação inversa à sua real importância nas obrigações econômicas incorporadas à narrativa. Uma outra figura, Loll Jewab, um criado indiano, em um desprezo ridículo diante da importância da Índia para o projeto colonial, é descrito como alguém que, com seus olhos amarelos e os dentes brancos, pode se confundir com o diabo. Seus próprios nomes — Sambo, srta. Swartz, Loll Jewab — são caricaturas.

O esquema narrativo de Thackeray, seus arranjos dos elementos de ação, convocam e posicionam essas figuras como figuras fixas, estabelecidas. Nossas práticas de leitura e escrita também — sendo a leitura e a escrita práticas que integram as formas como vivemos e nos imaginamos no mundo — admitem e demandam esse esquema. Nossa curiosidade em relação a essas personagens é a mesma que sentimos diante da descrição denotativa de um móvel. Ou seja, totalmente nula. Essas personagens enriquecem o texto de formas cruciais, mas não vivem. Thackeray, afinal, escreve o texto em 1847; ele é consciente de seu tempo, referindo-se à ganância da escravidão, mas sem condenar nem abordar a escravidão, o tráfico escravista, a exploração da Índia e da China. As convenções morais da aristocracia britânica, e não a exploração colonial, são suas principais preocupações. E o romance é uma crítica mordaz a esses costumes. Mas em momento algum a obra indica a origem da riqueza. A riqueza é um dado, e não o assunto em questão. Observo aqui que Thackeray nasceu na Índia e que seu pai era um secretário da East India Company.

Edward Said escreve, em *Cultura e imperialismo*:

> Encontramos alusões aos fatos imperiais que quase todas as partes da cultura inglesa e francesa do século XIX e começo do século XX, mas talvez em parte alguma com tanta regularidade e frequência como no romance inglês. Juntas, essas alusões constituem o que eu chamei de estrutura de atitudes e referências.[28]

Acompanhando o pensamento de Said, a *atitude* e a *referência* como estrutura são incorporadas na produção do romance naquela época, na própria forma e na estrutura de sentimento que se pretende que o romance produza. Todo o mundo, indivíduos e empresas, estava envolvido com a escravidão e com a exploração colonial, como hoje em dia os indivíduos e as empresas estão envolvidos na extração de petróleo ou de minerais e na produção de eletrônicos, destruindo a terra na qual vivemos, os oceanos, as águas e o ar, e descrevendo suas ações em termos de empregos, meios de subsistência e riqueza como um direito das pessoas ricas.

Então, eu estou falando sobre aquilo que passa a integrar a escrita narrativa (prosa ou poesia) como um resultado da gênese, da ação e da longa duração de certos regimes em nossa vida material, de certas relações de poder que invisibilizam, tornam comuns ou óbvias essas relações de poder. Eu estou mostrando como essas próprias relações de poder são incorporadas na estrutura e na forma da narrativa, reproduzindo a arquitetura desses regimes.

C. L. R. James veria o que eu vi mais tarde: a aristocracia cheia de dinheiro, suas fortunas transbordando; os efeitos profundos do controle das Guerras Napoleônicas sobre os territórios do Novo Mundo;[29] a conquista colonial incorporada ao livro sem que qualquer personagem desses lugares fale, e sim, antes, figure ali como imutável. A ação de *Feira das vaidades* acontece durante a escravização britânica. (A escrita do romance acontece pouco depois da abolição.) A escravidão nunca é mencionada na obra, mas a virtude, a modéstia, a bondade, a religião e Deus são. Então, temos uma sociedade agindo como se essas coisas pudessem ser separadas da escravidão. A conquista dá à narrativa sua velocidade e sua razão moral — mas o que está em jogo é o bem-estar dos conquistadores. A paródia jamais os enfraquece.

Para mim, é claro, o romance como um todo está imerso, infundido, na escravidão. Sobre lady Emily, Thackeray escreve:

> Uma solteirona madura que, tendo desistido de qualquer ideal de casamento, deixou que seu amor pelos negros lhe tomasse quase todos os sentimentos. É a ela, creio, que atribuímos aquele belo poema:
>
> Conduza-nos a uma ilha ensolarada,
> Lá no profundo Ocidente;
> Onde os céus sorriem para sempre,
> E os negros choram eternamente etc.[30]

Essa suposta paródia não supera o sarcasmo de "deixou que seu amor pelos negros lhe tomasse quase todos os sentimentos". Podemos nos perguntar de que serve o paródico aqui, para além da caricatura cínica. Thackeray pode estar falando sobre a superficialidade da classe e do gênero, mas eu vejo a superfície vítrea e espelhada da narrativa violenta que observamos e habitamos, enquanto, por baixo — na verdade, atravessando tudo —, temos a pedagogia da colônia. A classe branca e o gênero da branquitude estão sendo criados aqui, e a raça e a colônia são centrais para a sua criação; de fato, classe e gênero são a base normalizada, estipulada e pragmática da colônia.

O CONSTANTE REFORÇO das personagens não vistas e não lidas no decorrer da narrativa, o enrijecimento da posição estrutural da negritude no interior da narrativa, é a pedagogia da colônia. E isso me leva a uma outra obra de Thackeray, *The History of Henry Esmond*, um romance histórico sobre a vida de Henry Esmond, publicado em 1852. O romance se passa no início do século XVIII. Para os meus propósitos, a história não é importante. Eu quero olhar para a linguagem — para aquilo que a linguagem transmite, o estado de espírito que a linguagem descreve, a mentalidade, a orientação filosófica do narrador. Eu quero olhar para a língua, o inglês, nesse caso, como um veículo — que transporta ideias sobre o "normal" no nível da sintaxe e do sentimento, marcando a relação de objetos, e entre objetos.

The History of Henry Esmond começa assim:

> A propriedade de Castlewood, na Virgínia, que foi concedida aos nossos ancestrais pelo rei Carlos I como recompensa pelos sacrifícios realizados em nome da causa de Sua Majestade pela família Esmond, fica no condado de Westmoreland, entre os rios Potomac e Rappahannock, e foi outrora tão grandiosa quanto um principado inglês, embora, no princípio, fossem parcas as

> suas receitas. De fato, por quase oitenta anos após nossos antepassados tomarem posse dela, nossas plantações estiveram nas mãos de administradores, que enriqueceram um após o outro, embora algumas dezenas de barris de tabaco somassem toda a produção que, por muito tempo após a Restauração, nossa família recebeu de suas propriedades na Virgínia.[31]

Notem-se o tom do parágrafo, suas reivindicações e a postura elevada do narrador. Notem-se os termos emotivos empregados — "recompensa pelos sacrifícios", "concedido aos nossos ancestrais", "nossos antepassados tomarem posse". Notem-se a invocação do rei, as palavras "tão grandiosa quanto um principado inglês", e então o aceno ao status injustamente desfavorecido da família. Todas essas palavras trabalham para invocar estima e simpatia, para convocar uma associação. Ler esse primeiro parágrafo é ler dois mundos: o mundo que é discursado e o mundo enterrado no discurso. Então, vejamos outras palavras e frases no texto, seu emprego e seus efeitos: "Potomac e Rappahannock", "nossas plantações", "administradores", "barris de tabaco". A linguagem se refere a objetos, relacionando-se ao inanimado; ou, no caso dos administradores, evocando dois sentidos: número/somas, contas e vantagens.* Mas o que eu leio nas palavras "Potomac e Rappahannock" além de indigeneidade e antiga morada — na verdade, morada antiga, se algo como o nome de um rio resiste a um principado inglês; e em "plantações" eu leio trabalho forçado/

---

* Em inglês *factor* significa tanto administrador de uma propriedade quanto fator, daí o comentário da autora. (N. T.)

escravização de pessoas negras — afinal, estamos na Virgínia, que detinha o status de capital da Confederação — e a mão de obra explorada para produzir os barris de tabaco. De repente minha leitura é tomada por uma grande força de pessoas negras não nomeadas, movimentando-se, vivendo; e eu me torno consciente de seu sofrimento. Um conjunto de relações de exploração se revela. Mas a linguagem veicular suspende os significados e a escala dessa exploração e do sofrimento humano, substituindo tudo por uma historinha melancólica sobre a privação branca.

No ensaio "Aesthetic Reflection and the Colonial Event: The Work of Art in the Age of Slavery", Simon Gikandi escreve:

> Em primeiro lugar, os eventos e sujeitos coloniais nunca figuraram no centro do discurso europeu sobre a estética, que domina o século XVIII, mas ocupam notas de rodapé e adendos importantes; se a estética adquire seu caráter ideal por sua força de exclusão [...], a estética é, entretanto, assombrada por aquilo que exclui [...]. Desde o fim do século XVIII, os debates sobre a estética [...] [têm se] preocupado com a natureza e o julgamento da beleza e com a explicação dos fenômenos artísticos — sempre alheios à turbulência associada ao império colonial.[32]

Mais uma vez em *The History of Henry Esmond*:

> Meu pai e tampouco minha mãe jamais usaram pó nos cabelos; ambas as cabeças eram brancas como a prata, até onde posso lembrar-me delas. Minha querida mãe ostentou, até o fim, uma luminosidade e um frescor extraordinários no semblante; as pessoas não acreditavam que ela não usasse ruge. Aos sessenta anos,

> minha mãe ainda parecia jovem e era deveras ágil. A saúde da minha querida mãe se conservou até aquele terrível cerco à nossa casa pelos índios, que me deixou viúva antes mesmo de tornar-me mãe. Ela nunca se recuperou do terror e da angústia daqueles dias, que terminaram de modo tão fatal para mim, então uma noiva que mal contava seis meses de casada, e morreu nos braços de meu pai antes de meu ano de viuvez ter chegado ao fim.[33]

Eu devo admitir que leio isso com frieza — ou, pelo menos, sou incapaz de fazer o que a leitora/o leitor é chamada/o a fazer, que é justapor o refinamento, o bom gosto, a beleza e a retidão da mãe (ou seja, da Inglaterra) contra o terrível cerco e terror dos indígenas. Eu não posso ser a leitora que ocupa "a" autobiografia da leitura. Não consigo notar a luminosidade e o frescor do semblante nem sacralizar um rosto sem ruge. Devo admitir que sorri e fiquei satisfeita com o cerco e com o adoecimento da mãe. Aqui, na formulação de Gikandi, a estética deve disputar com a "turbulência associada ao império colonial". Para a minha diversão. Que eu diga que *devo admitir* e me considerar insensível, que eu *admita ter sorrido* como se isso não fosse justificável, isso reflete a suposição de que a linguagem veicular transportou o páthos para o sujeito narrativo correto, e que eu sou o sujeito leitor que deve responder ao material como se o material tivesse sido transportado dessa forma — ou seja, através da identificação com a protagonista e com algum princípio moral, algum princípio de apreciação estética adequada.

No prefácio às supostas memórias de seu pai, o coronel Henry Esmond, Rachel Esmond Warrington escreve:

> Embora eu nunca tenha ouvido meu pai proferindo uma palavra rude sequer, seus pares o consideravam com extraordinária reverência; e os servos de nossa plantação, tanto aqueles da Inglaterra quanto os negros comprados, obedeciam-lhe com tamanho entusiasmo que nem mesmo os capatazes mais severos conseguiam provocar. Meu pai nunca se portava informalmente, mas com muita simplicidade e naturalidade; tratava da mesma forma o homem mais maldoso e o mais bondoso, e oferecia a mesma cortesia à menina negra escrava e à esposa do governador. Ninguém nunca pensou em tomar alguma liberdade (a não ser um cavalheiro ébrio de York, e devo reconhecer que papai jamais o perdoou): de pronto ele deixava as pessoas mais humildes à vontade com sua presença, e humilhava os mais arrogantes com um sarcasmo mordaz, o que despertava um grande medo nas pessoas. Sua cortesia não era algo que ele usasse como um terno de domingo. [...] Dizem que ele gostava de estar à frente de sua companhia; mas haveria companhia da qual ele não estivesse à frente? [...] Tinha uma postura perfeitamente gentil e majestosa, tal qual nunca pude testemunhar neste país.[34]

Reiterando Gikandi, a estética jamais pode ser suturada ou cauterizada de forma a evitar o "evento colonial"; e mais do que isso, eu proponho que o evento colonial *é* a estética — que seus prazeres, gostos, modos, consistem nessa justaposição. O que dá prazer, o que se encontra em sua bela forma, *é* a violência. É uma posse; e, em vez de ser desagradável ou feia, é o produto desejado e valorizado de uma mente elevada, de um bom caráter. É o frisson, é a própria alegria de viver. As virtudes adotadas não podem ser separadas de seus momentos de produção e descrição.

Eu nem preciso apontar para o absurdo dos negros comprados que obedeciam a Esmond com entusiasmo só porque ele era bom e cortês, dotado de uma postura perfeitamente gentil e majestosa. Mas quero apontar para a forma como a narrativa nos convoca a adentrar uma fantasia de relações, destituída do poder e da violência que a sustentam, regularizada na hierarquia. Havia uma enorme produção desse tipo de ficção/fantasia, transportada através dos sistemas educacionais do universo falante de língua inglesa, produzindo uma determinada forma de ler, de ler o mundo, uma determinada forma de viver, mas também de imaginar, uma determinada forma de escrever e de ser. Uma determinada forma de sentir.

III. o rosnado e um profundo gemido humano

DURANTE OS PRIMEIROS DEZESSETE ANOS da minha vida eu consumi essa literatura, passando por suas sentenças, absorvendo sua forma, sua estrutura, sua estética, e aprendendo suas regras de personagens, paisagens, diálogos e assim por diante.

No ensaio "Novel and History, Plot and Plantation", Sylvia Wynter escreve: "Todos nós [ou seja, as sociedades de plantation ou do Novo Mundo], sem exceção, ainda somos 'encantados', aprisionados, deformados e perturbados nessa realidade enfeitiçada [do colonialismo]". E "o romance como forma literária e nossas sociedades são filhos gêmeos dos mesmos pais".[35]

Um imaginário e uma existência constituídos pela narrativa se repetem, reforçados política e socialmente, reescritos em todo romance — incorporados na obra ou desenterrados para analisar a diferença ou aquelas pessoas fora da narrativa. Wynter descreve um imaginário, um esquema narrativo no qual a negritude figura como uma categoria imutável. Esse imaginário constituído pela narrativa é um código que se considera em constante mudança, mas, na verdade, está sempre se elaborando como algo primário — reconstituindo os mesmos materiais dos quais é primário, a partir dos quais profere a violência como empatia, a violência como amor, a violência como encenação diária de si mesmo. Afinal, códigos e algoritmos não são neutros nem destituídos de valor; códigos e algoritmos incorporam, constituem e produzem conjuntos de relações políticas e sociais — e, é claro, literárias.

A narrativa não é apenas uma simples construção de linguagem, mas a constituição e o transporte de redes de sentimentos — como sentir e o que sentir. A narrativa instila ideias do eu, e ideias do eu que contêm negações de outras pessoas. O que seria, então, adotar as, ou ser doutrinado por, essas estruturas narrativas, essas ideias, passar a reconhecer essas ideias como suas, quando você faz parte das pessoas negadas? Quando você é esse ser instilado, o ser administrado para existir como negação. Como Glissant escreve em *Poética da relação*: "O imperialismo (o pensamento e a realidade do império) não concebe nada universal, mas, em todas as instâncias, atua como um substituto".[36]

Em uma tentativa de combater a toxicidade da narrativa colonial, eu busquei elaborar uma versão de contranarrativa em meu conto "At the Lisbon Plate", de 1988. Depois de não ter encontrado nenhum nome para o homem assassinado em *O estrangeiro*, de Albert Camus, eu tentei imaginar o dia dele, sua vida anterior e o momento em que encontra a ansiedade colonial de Meursault, uma ansiedade colonial cuja elaboração é a morte desse homem na praia. Eu pensei sobre a forma como Camus priva a vítima de um nome e é incapaz, ou não está disposto a isso, de preencher a vida dele ou ouvir sua voz. Então, em alguns poucos parágrafos, procurei preencher o registro da existência, uma vez que a vida do homem assassinado não faz parte da retórica existencial do período na escrita francesa. O homem assassinado não fazia parte do existencialismo, nem de fato o constituía, como eu não fazia parte nem constituía a subjetividade colonial. Para Camus, mesmo uma proposta ampla como o existencialismo não poderia conter a existência do colonizado. O discriminatório *Code de l'indigénat** aplicado na Argélia à época do romance é o não dito "vazio" de Meursault, a prerrogativa não dita, ou não dita no texto, de forma a apropriar qualquer coisa do "nativo", inclusive a própria vida. "Ahmed. Ahmed. Ahmed", minha história começa, nomeando o homem assassinado. "Ahmed veio até a praia na companhia de Ousmane para fugir. [...] Ele largou a bicicleta, instou Ousmane a se apressar até a água [...]. Ahmed e Ousmane entraram no mar vestidos, ele lavando a graxa grudenta da oficina de bicicletas, Ousmane afogando sua dor de cabeça."[37] O conto coloca Ahmed nesse dia com o seu irmão mais novo, Ousmane, e fala dessa fuga para a praia, quando os dois se afastam da penúria e das urgências da cidade e das suas vidas.

Eu li Camus querendo aprender sobre a filosofia do existencialismo. Eu li a obra dele em busca de algum método de entendimento, um caminho para aquele ideal inclusivo de humanidade. E em vez disso me vi fora da narrativa. Mas então entendi que não era inclusão o que eu queria. Eu queria ser considerada.

E isso me faz retornar ao "nós" — e também aos artigos definidos e indefinidos. "Nós" carrega em si uma certa barbaridade — uma força. É uma categoria administrativa; é um

* O Code de l'Indigénat, ou Estatuto do Indigenato (1881), usado como uma forma de gestão colonial na Argélia, estabelecia estruturas legais que possibilitavam uma estratificação social sistemática, vigorando nos territórios coloniais franceses nos séculos XIX e XX. (N. T.)

lugar de encontro dos desejos coloniais/imperialistas, e um aparato para os seus mecanismos. "Nós" vincula o afetivo — a noção de convivência, de estar no mundo com outras pessoas — às relações de dominação. Christina Sharpe diz: "Quando lemos, nós sempre encontramos esse curioso 'nós'. Um 'nós' que não se constitui por nenhuma referência ao ser de alguém — um 'nós' impossibilitado pelo 'eu'".[38] Ler é encontrar esse "nós" em cada conjuntura, mesmo quando a palavra não é evocada, mesmo quando a palavra é evocada em sua forma mais benigna e bem-intencionada. Nesses meus primeiros anos de leitura, eu ingeri as convocações e a expulsão simultâneas do "nós". Eu senti o desejo de entrar e a impossibilidade de entrar.

Dentro desse construto do "nós", o que essa leitora será senão nada, um não ser, uma ausência, já que a leitora cuja biografia está sendo escrita não tem presente — não tem passado nem futuro? Uma leitora que é escrita como alguém esvaziado de caráter — uma leitora, inanimada, apresentada como uma extensão do "ser", "da personagem". Ou seja, essa leitora experimenta a si mesma como um significante flutuante na narrativa, eternamente escapando e sendo capturada em significações indesejadas e irreconhecíveis.

Nessa época, é claro, *Vasto mar de sargaços*, de Jean Rhys, serviu como uma contranarrativa para *Jane Eyre*, de Charlotte Brontë. Imagino que a autobiografia da leitura no caso de Rhys fosse similar à minha, ao menos parcialmente. E talvez como um gesto de corrigir o relato ou animar o inanimado no texto de Brontë, Rhys criou Bertha/Antoinette para perturbar o imaginário constituído pela narrativa. *Jane Eyre* foi publicado no mesmo ano que *Feira das vaidades*, de Thackeray. E Brontë dedica a segunda edição a Thackeray, pela admiração por seu intelecto e sagacidade.

Eu li *Jane Eyre* ainda criança e voltei a ler na universidade. O livro é, sobretudo, um romance sobre submissão. Confinamento e submissão — zonas de submissão. Todos os espaços do romance são clausuras da submissão feminina — a casa da família Reed, o orfanato Lowood, a casa de Rochester —, cada uma delas uma zona de doutrinação e submissão à tirania familiar, à doutrina institucional e religiosa e à masculinidade branca. O evento ético principal é a forma como Jane resistirá ou habitará essas zonas de submissão; a trama romântica é decorrência. A superação da dissonância social feminina (branca) através do envolvimento romântico era necessária para a forma do romance do século XIX. O evento colonial é ocultado em *Jane Eyre*, embora se elabore, aos rugidos, no sótão de Thornfield Hall. A violência, a plantation e a escravidão na Jamaica que possibilitam a existência de Thornfield — está tudo ocultado. Eu tenho que subentender/inferir que a experiência cotidiana da classe média branca do século XIX devia estar familiarizada com esse rugido, para Brontë ter chegado a representá-lo. Uma menção a esse evento secular contínuo aparece resumida em um parágrafo quase no fim do livro. Talvez Rhys, diante de sua própria relação com o colonial, em sua leitura de *Jane Eyre* estivesse tão ciente da mulher escondida quanto do fato de que o colonial não poderia ser suturado pela trama matrimonial.

Bertha Mason está aprisionada no sótão enquanto lá embaixo, nas salas de estar e nos salões, está a alegria produzida pelos excedentes da plantation, a violência não considerada como violência e experimentada como poder, riqueza e bem-estar. Thornfield Hall é animada por essa violência sublimada. É a expressão da violência, uma violência da qual todas as pessoas estão cientes, que produz a excitação, a alegria de viver ali. A casa — repleta de convidados se agitando para lá e para cá, em um baile de máscaras, divertindo-se com charadas — é um lugar macabro. Nós lemos:

> Havia movimento o dia inteiro. Não era possível agora atravessar o corredor, antes tão silencioso, nem entrar nos quartos da frente, antes tão desocupados, sem encontrar uma fina camareira ou um criado elegante.
>
> A cozinha, a despensa, a sala dos empregados e o vestíbulo de entrada estavam igualmente vivos, e os salões só ficavam vazios e silenciosos quando o céu azul e o sol agradável do clima ameno de primavera chamavam seus ocupantes ao jardim. [...]
>
> Enquanto o sr. Rochester e os outros cavalheiros coordenavam essas alterações, as senhoras subiam e desciam correndo a escada e chamavam suas criadas. A sra. Fairfax foi solicitada para dar informações relativas ao estoque da casa em termos de xales, vestidos, qualquer tipo de roupa; alguns armários do terceiro piso foram saqueados [...].[39]

Essa agitação, esse luxo, essa vivacidade são produzidos pela economia política da escravidão. Como leitora, atraída pela extravagância, em um primeiro momento não notei o excesso como excesso. Apenas experimentei a abundância como algo maravilhoso; só mais tarde é que fui experimentá-la como algo corrupto. A fotografia que descrevi no começo desta autobiografia era em si um lugar de submissão do qual, com tempo, autoconsciência e análise, eu me libertaria — e me libertaria atenta às contradições que a fotografia continha. Mas, nesse meio-tempo, os metadados da fotografia demandaram uma afiliação com uma protagonista como Jane Eyre. Os metadados dizem que o mundo colonial é o mundo adequado, e a fotografia é uma representação da existência e do domínio desse mundo. A leitora que eu era se identificou com Jane — e, embora marginalizada e deixada de lado, eu não desaprovava isso. A leitora que eu era desejava que a mulher, a quimera no sótão, não estragasse as coisas. A fotografia, com seu linóleo padronizado, sua cortina marrom, era o sótão quimérico de si mesma.

Apenas quando o irmão de Bertha Mason aparece na metade do romance é que nós temos uma sugestão ligeira da outra vida sobre a qual todo esse luxo se fundamenta. É a primeira menção à colônia, a "algum país quente":

> Logo as palavras "Jamaica", "Kingston" e "Spanish Town" indicaram as Índias Ocidentais como sua residência, e foi com imensa surpresa que descobri, pouco depois, que lá ele conhecera o sr. Rochester. Falou do quanto seu amigo detestava o calor intenso, os furacões e a estação chuvosa da região.[40]

É muito interessante a forma como as zonas de exploração costumam ser referidas e invocadas nos romances em geral. Estações chuvosas, calor, sujeira, desgosto, pobreza, abandono, como se essas palavras fossem metonímias. Essas palavras, é claro, contêm suas próprias elisões. Essas zonas são as que produzem a enorme riqueza dos protagonistas e, embora antagônicas em sua descrição, são zonas do desejo imperial e da reivindicação material. *Jane Eyre* se situa em uma época na qual havia cerca de trezentas e cinquenta mil pessoas escravizadas na Jamaica e quase oitocentas plantações de açúcar, sem falar no café, no cacau e em outros produtos.

Logo depois, quando Mason é esfaqueado pela irmã e Jane fica responsável por cuidar dele enquanto Rochester vai chamar o médico, Jane ouve

> o rosnado canino e um profundo gemido humano. Então meus próprios pensamentos me preocuparam. Que crime era aquele, encarnado naquela mansão isolada, que não podia ser nem banido nem subjugado pelo seu proprietário? Que mistério era aquele que explodira ora em fogo, ora em sangue, nas horas mais avançadas da noite? Que criatura era aquela que, disfarçada com o rosto e a voz de uma mulher comum, falava ora com a voz de um demônio debochado, ora como uma ave de rapina em busca de carniça?[41]

Alguém como eu, ao ler, pode achar esse parágrafo impressionante. É um parágrafo incrível. Alguém como eu lê esse rosnado e o profundo gemido humano como o inconsciente falando, como a plantation chegando à Inglaterra. Esse barulho — o barulho do mundo da plantation, suprimido, enlouquecido e sequestrado — era a negritude. O profundo gemido humano era o som de milhões de pessoas africanas sequestradas, escravizadas e postas para trabalhar até a morte. E o crime encarnado era a escravidão. A negritude sequestrada teria viajado de barco (como minha mãe, minha tia e milhares que viajaram para a Inglaterra nos anos 1950 e

1960 em busca de trabalho) em outras manifestações da economia política psicossocial britânica.

Depois de Rochester mandar Mason embora, ainda ferido, antes que tudo fosse descoberto, ele fala com Jane lá fora, no jardim. Nós lemos:

> Ele tomou uma aleia ladeada por arbustos, macieiras, pereiras e cerejeiras e, do outro lado, um canteiro com todo tipo de flores tradicionais, cravo-dos-poetas, prímulas, amores-perfeitos, misturados a abrótanos, roseiras-bravas e várias ervas aromáticas. Tudo estava tão fresco quanto uma sucessão de chuvas e o sol de abril, numa adorável manhã de primavera, tornavam possível: o sol despontava a leste, e a luz brilhava sobre as árvores floridas e úmidas de orvalho, reluzindo nos tranquilos caminhos entre elas.
>
> — Jane, aceita uma flor?[42]

O parágrafo, oscilando e bamboleando, se afasta de forma ilógica daquilo que ameaça conter a mão de Brontë. É um giro narrativo dos mais estranhos — mas totalmente compreensível, pois para onde mais a narrativa poderia ir com seu projeto colonial antisséptico? O tropo do jardim inglês é usado aqui — embora domado e cultivado, esse espaço figura como um espaço naturalmente puro; um espaço de gentileza e sentimentos refinados empregado contra a barbárie. Mas contra a barbárie de quem? Esse apelo ao mundo natural inglês — a beleza e a quietude, a sanidade, a coisa ordeira — justifica tudo o que precisa ser feito para manter a ordem colonial. A Inglaterra e a psique inglesa permanecem tranquilas e purificadas.

Jane eventualmente se torna herdeira — como deveria, de forma que o que chamamos de arco narrativo é alcançado — de seu tio, falecido na Ilha da Madeira; Madeira, que era envolvida no tráfico de pessoas escravizadas. Até então Jane havia ficado fora da mácula, sem um envolvimento direto com plantation/capital escravista. Mas a concessão de sua total soberania só pode se realizar com sua total imersão na economia da plantation. Em certa época, a Ilha da Madeira esteve envolvida com a produção açucareira a partir do cultivo de cana-de-açúcar, empregando mão de obra escravizada da África e das Canárias. Na época do romance, a produção de açúcar havia se encerrado por falta de recursos a explorar, e a Madeira então produzia vinho. Assim, a autonomia de Jane, suas vinte e cinco mil libras anuais tão generosamente partilhadas com seus três primos, é adquirida através do mesmo sistema com o qual Rochester obtém seu dinheiro. A satisfação que Jane sente, e que nós sentimos por ela, é permeada pela violência.

Em *Vasto mar de sargaços*, Jean Rhys se concentra no breve relato de Rochester (aquelas poucas palavras em *Jane Eyre*, de Brontë) sobre seu envolvimento com Bertha Mason, que em verdade se chama, ficamos sabendo, Antoinette, que teve seu nome modificado por Rochester em um ato de possessão e direito de nomear. Em sua contranarrativa, Rhys priva Rochester de um nome. Enquanto expõe a economia política da escravidão, e a forma como o arranjo/trama matrimonial sustenta essas relações, ela deixa selada a fantasia do amor da escravizada pelo senhor. Em *Vasto mar de sargaços*, é inexplicável a figura de Christophine como protetora e figura materna para Antoinette e sua mãe. Uma mulher negra ex-escravizada pela família de Antoinette apresentada como defensora e protetora de Antoinette contra Rochester? Uma leitora como eu observa isso. Trata-se de uma profunda contradição, mas uma leitora como eu compreende isso como um tropo branco persistente. Christophine confronta Rochester, questionando suas verdadeiras motivações. "O senhor acha que me engana?", ela pergunta. "O senhor quer o dinheiro dela, mas não quer ela [...]. O senhor faz isso por dinheiro? O senhor é perverso como o próprio Satã!"[43] Christophine, desde a emancipação e nos anos de amadurecimento de Antoinette, estivera presa por ser uma mulher obeah e curandeira — um crime nos tempos coloniais, já que essas mulheres costumavam figurar na vanguarda do fomento às rebeliões. Então, enquanto Rhys a apresenta como uma figura poderosa, a preocupação e o amor de Christophine por Antoinette permanece inexplicável — ou só pode ser explicado dentro da mesma construção narrativa colonial de *Jane Eyre*. O outro lado dessa violência é a narrativa do amor mútuo, do amor filial que opera fora do escopo da violência. *Vasto mar de sargaços* também tem figuras negras (em oposição às pessoas) que povoam o texto, como agrupamentos ou habitantes da cidade, cujas ações, movimentos e sussurros são furtivos, beligerantes, sem explicação e, portanto, puramente malévolos (malévolos em oposição à rebeldia ou ao desejo de conquistar e alcançar a liberdade). *Vasto mar de sargaços* é narrado em duas vozes, a de Antoinette e a de Rochester, mas poderia muito facilmente conter três vozes. E eu considero a ausência de uma terceira voz estruturalmente incompreensível —exceto por sua lógica colonial.

Uma leitora como eu nota essas coisas. Há o desejo de abraçar completamente *Vasto mar de sargaços* — curiosamente, como essa mesma leitora quis abraçar *Jane Eyre*, e abraçou.

Essa leitora ignora os sentimentos de dúvida, ou lê sentindo algumas dores, formando calos a cada leitura. Essa leitora tem um compartimento mental dentro de um compartimento mental dentro de um compartimento mental e assim por diante. E esses compartimentos guardam estruturas de sentimentos e experiências coloniais que devem ser analisadas gramaticalmente. Ao mesmo tempo, essa leitora atenta, algumas pessoas diriam clinicamente, para a recitação contraditória. A localização abjeta é uma convenção das narrativas coloniais, e espera-se que as pessoas se acostumem com isso também na prática, mesmo quando habitam essa localização como um absurdo e com desdém.

Rinaldo Walcott, em seu livro *The Long Emancipation: Moving Toward Black Freedom*, escreve que, na modernidade europeia,

> o que significa ser humano é continuamente definido em contraposição às pessoas negras e à negritude. As consequências profundas de contrapor a humanidade ao ser negro significam que o projeto do colonialismo e os efeitos contínuos da colonialidade têm produzido para as pessoas negras uma relação perversa com a categoria do humano. Nossa existência como seres humanos é constantemente questionada e muitas vezes figura fora da categoria de *vida*; é uma existência marcada como uma morte social.

Apesar disso, ele continua, "[...] a morte social não captura totalmente a dinâmica da vida".[44]

Em um verão recente, na estação de trem Atocha, em Madri, uma longa fila para o balcão de passagens atravessa o saguão de entrada. Minha companheira e eu estamos na fila. Cada movimento que fazemos na fila é interrompido por pessoas brancas querendo atravessar para o outro lado do saguão. Não importa como a fila se move, o quanto nos aproximamos do guichê, somos localizadas e usadas pelas pessoas brancas que atravessam o saguão como o signo de espaço. Nossa presença física é julgada como um vazio. Nossa existência, o espaço físico que ocupamos, é mapeada como uma passagem através do saguão. Não importa a forma como nos posicionamos: mesmo quando damos as costas, a pessoa ou o casal que se aproxima força a passagem; se ficamos próximas às outras pessoas na fila, as pessoas brancas tentam se infiltrar pelas laterais. Observamos que as pessoas brancas que vêm em nossa direção estão nos usando como um vetor da sociabilidade delas. Primeiro vemos isso com despeito, depois com raiva e então com uma amargura filosófica. Decidimos que ninguém mais passará entre nós, e com surpresa somos empurradas ou esbarram em nós. E persistimos. Insistimos na "dinâmica da vida" ou insistimos na "categoria da vida". O ato comum e cotidiano de comprar uma passagem de trem se torna lugar de uma tensa contestação do humano. Esse incidente é uma beligerância espacial comumente experimentada pelas pessoas negras em estações de trem, lojas, bares e nas ruas.

Se as estruturas da sociabilidade derivadas do momento colonial nos perseguem (parafraseando Édouard Glissant) e são um anátema para a nossa vida, e se essas estruturas incluem a narrativa e o estilo narrativo, então repensar essas formas discursivas é não algo necessário — mas urgente, tão urgente quanto a subversão dessa sociabilidade.

IV. quem é e não é

EM *JANE EYRE*, o sr. Brocklehurst exorta a srta. Temple, no orfanato Lowood: "Ah, madame, quando a senhora coloca pão e queijo em vez de mingau queimado na boca destas crianças, decerto alimenta seus vis corpos, mas não sabe como mata de fome suas almas imortais!".[45] Isso lembra a doutrina de todas as minhas professoras da escola primária, começando pela Escolinha da sra. Greenidge, quando eu tinha três anos. Me dou conta de que as minhas professoras podem ter lido e vivido conforme essa doutrina, e, ainda que eu não estivesse em um orfanato, fui uma dessas crianças no grande armazém/escola de treinamento do imperialismo britânico.

A menina na fotografia — que é e não sou eu, que é e não é a leitora — ainda está produzindo a fotografia. As irmãs e a prima ao seu redor também produzem suas próprias fotografias, apesar de sua suposição anterior de que ela é a figura mais ativa na imagem. Essa é a beleza das fotografias. Cada pessoa pode compor suas próprias autobiografias. As horas que se sucederiam fora do estúdio fotográfico ainda não aconteceram — *Feira das vaidades* ainda não foi lido; *Jane Eyre* ainda não foi lido. As tensões na fotografia, o conjunto de relações coloniais e de outras relações que reúnem todas as pessoas ali no estúdio também podem ser arranjados em, ou em direção a, uma outra narrativa. A fotografia é *prévia*.

E também se encontra em meio aos eventos. Mais ainda, a fotografia antecipa os eventos. O momento da fotografia é atravessado por intermediações e é repleto de referências. O ano é 1956/57 e muito ainda está por vir para as figuras dentro e fora do quadro. Há movimentos sociais e políticos em andamento, precipitados pelas histórias e tensões da fotografia e de sua produção. C. L. R. James já havia escrito *Os jacobinos negros*. Eric Williams já havia escrito *Capitalismo e escravidão*. As meninas na foto voltarão para casa depois de performar seu dever público. Elas vão fornecer para a avó um relato sobre seu comportamento no estúdio. Elas vão trocar de roupa, guardando as roupas boas que a fotografia demandou. Elas ouviram falar vagamente de Williams e James. Elas ouviram mas não registraram os nomes; três delas são novas demais para prestar esse tipo de atenção. Esses nomes devem ter sido ditos no mesmo fôlego que "Vai pentear o cabelo" ou "Não saia". Tais diretivas são mais importantes que aqueles nomes, e os nomes se fundiram aos comandos. Williams e James estavam longe também. Embora Williams tenha retornado, e houve silêncio e agitação quando ele falou no rádio da sala de estar e sua voz interrompeu a brincadeira e serviu de sinal para irmos dormir e ficarmos quietas para os adultos poderem ouvir.

O quadro da fotografia, ao qual devemos ou nos ajustar, ou recusar, bem como acontece com uma autobiografia, está apenas se fazendo presente; mas as tensões do quadro sugerem uma pequena resistência, se não por parte da menina que dizem ser eu, então para a autobiografia do sujeito composto. O desarranjo das participantes, sua permeabilidade e liminaridade, que são as únicas posses que elas carregam no momento em que a fotografia é tirada — seu futuro ainda por vir e seu passado ainda a ser conhecido (por elas mesmas) —, tudo isso ainda pode vir a ser.

A menina que dizem ser eu insiste em uma fotografia, em uma autobiografia de algum tipo. Ela ainda não compreende (mas talvez vislumbre) a violência total da narrativa. Ela está tentando ser, está tentando centrar as meninas na foto, está tentando encontrar um novo meio.

As fantasias brutais deles, nosso realismo

1. elisões violentas

Hinges, Latches, Locks: Roseau, do professor, fotógrafo e artista Kevin Adonis Browne, inclui imagens de cadeados velhos e enferrujados, dobradiças e trancas em portas e contenções, por vezes emoldurados por uma peça de aço galvanizado. A madeira em que essas peças de ferro estão presas é bem gasta, pintada e castigada pelo tempo, castigada pelo tempo e repintada. O metal dos pregos, trancas, dobradiças e cadeados é ferroso, vermelho e marrom, frágil mas proibitivo, hesitante mas definitivo em seu propósito original. As atmosferas do oxigênio e da água, agindo por muito tempo, parecem ter afetado os fechos, endurecendo-os. Agora essas peças são algo mais ou outra coisa que não elas próprias.

O que está atrás dessas trancas e cadeados? Fico pensando. Seja lá o que for, está lá há muito tempo. Tempo suficiente para ser irrelevante, sem dúvida. Ou talvez tempo suficiente para se tornar ainda mais importante, já que nada destruiu os cadeados, as trancas e as dobradiças, apenas perturbou, apenas fez sua importância crescer conforme se tornavam mais frágeis. O que quer que lá esteja permanece selado por trás dessas trancas e cadeados falsamente desgastados pelo tempo. As dobradiças, presas lá à espera, comunicam os efeitos ou usos outrora preciosos, poderosos ou potentes daquilo que jaz atrás delas.

O fotógrafo captou a quase beleza de dobradiças, trancas e cadeados; sua resistência contra o tempo. Em seu ensaio sobre essas fotografias, Browne escreve: "Na tinta descascando, na grade enferrujada, havia o teu naufrágio e o teu açúcar. A tua história em dobradiças quebradas. Eu me pergunto o que é uma porta trancada para alguém que passa e sabe que é melhor não entrar?".[46] Talvez o ensaio de Browne fale do amor, daquele tipo particular de amor que se testemunha pela outra vida, a vida cotidiana que acompanha a observação do império — quando notamos ao mesmo tempo a vida que se afasta e a vida que avança contra a deriva do império.

Em *Uma história de bombardeios*, do escritor sueco Sven Lindqvist, há um capítulo (ou uma série de episódios) chamado "A história do futuro", no qual Lindqvist traça, na literatura do fim do século XIX e início do século XX (escrita em grande parte em inglês), o surgimento/ciência/evolução dos bombardeios aéreos e seus usos imaginados. Nas obras futuristas de William Hay, Samuel W. Odell, Stanley Waterloo, Garrett P. Serviss, Robert W. Cole, Matthew Shiel e Jack London, Lindqvist aponta o que chama de "fantasias genocidas" à espera da "chegada dos primeiros aviões". Nessas fantasias, a era do voo era imaginada como uma oportunidade para lançar bombas em populações não brancas. Segundo Lindqvist: "O sonho de resolver todos os problemas do mundo por meio da destruição em massa pelos ares já tinha seu lugar antes do lançamento da primeira bomba".[47] As tramas de todas essas eurofantasias da época eram animadas pela subjugação da África e da Índia, pela eliminação da China ou de todas as "raças inferiores".

Para mim, essas obras futuristas são a continuação do imaginário racial de obras literárias do fim do século XVII, dos séculos XVIII e XIX, escritas por nomes como Aphra Behn, Daniel Defoe, William Thackery, Jane Austen e Emily, Anne e Charlotte Brontë. Essas obras mais antigas e seus temas destacaram o individualismo, a criação da classe média, a religiosidade e a indústria — que sem dúvida eram suas preocupações —, mas também encobriram colonização/educação/erradicação/exploração dos "selvagens". Conceder a essas obras o selo de grande literatura foi uma forma de reparar a violência da burguesia. Tal selo ocultou a violência extrema da escravização de pessoas como bens móveis, a colonização e o genocídio naquilo que se considerava supostamente benigno, na estima por boas maneiras, decoro apropriado, graças elevadas, grandes bailes, grandes paixões, grande ambição; e serviu de escusa para ignorar aqueles eventos (em nome do bom gosto). Mas podemos encontrar nessas obras, se lemos bem e com atenção, os "grandes momentos históricos" que são o pano de fundo desses dramas aparentemente domésticos, bem como a inocência estudada da profunda violência que erradicou povos indígenas, matou e escravizou milhões, levou continentes inteiros à miséria e produziu fortunas. Com o tempo obras literárias mais abertamente genocidas surgiram, o verniz foi removido e a oportunidade para uma violência mais eficiente passou a estar à mão. O romance abertamente colérico e xenofóbico de Samuel W. Odell *The Last War, or The Triumph of the English Tongue* (conforme apontado por Lindqvist), de 1898, pode não guardar relações com *A vida e as aventuras de Robinson Crusoé*, de Daniel Defoe, de 1719, à primeira vista — mas isso depende de à primeira vista de quem. Eu fui ensinada a ler esses livros de Behn, Defoe, Thackery etc. passando por cima de suas palavras, passando por cima, ocultando e contornando a amplitude histórica nas quais se situavam e que animava essas obras. E me animava também, com incômodo.

Nos treinaram *na* leitura e nos treinaram *para* a leitura desses textos literários dos séculos XVII, XVIII e XIX. Esses textos possuíam e possuem uma função pedagógica nas práticas coloniais e imperialistas. Essas ficções eram os aparatos legitimadores não tão sutis do colonialismo e do imperialismo usados em muitos territórios e povos subordinados. Essas ficções foram canonizadas, alcançaram um tipo de status intocável, e são agora acompanhadas por infindáveis críticas que, no entanto, conservam intacto o status intocável. Enquanto a categoria da ficção evita ser reduzida à ideia de função — e com isso eu me refiro à ideia de que a ficção faz este ou aquele trabalho, ou opera desta ou daquela forma, ou é empregada para este ou aquele efeito —, os romances e protorromances que eu discuto e menciono aqui de fato têm um peso e exercem uma força no mundo. Nos treinaram para ler os livros, mas não nos ensinaram a compreender as palavras e seus contextos mais amplos.

E, é claro, mais uma vez eu pergunto: quem é "nós"? Eu penso nos meus anos universitários, por exemplo, como anos em que passei presa nas elisões de alguém, no desenho que outro alguém fez do mundo. Um corpo incômodo e inquieto em uma cadeira, absorvendo e sendo absorvido pelas toxinas das leituras, mas atento ao mundo em uma outra vida.

Eu tenho uma outra fotografia desse sujeito leitor — e uma fotografia em que a figura ali contida sou de fato eu. Um eu que eu reconheço, e um "eu" que ainda surpreende. Dessa vez, a figura não está encarando a câmera, mas é capturada em meio a uma conversa com outra figura. As figuras estão diante de um prédio. Esse prédio eu também reconheço como uma biblioteca em um campus universitário. As duas figuras exibem a mesma estética, marcadamente diferente daquela fotografia mais antiga, não só porque aquela foi tirada na infância e, portanto, é desprovida de agência, mas também porque essa segunda fotografia é a antítese daquela fotografia quase suplicante. Toda a energia das roupas e da ação declaram um propósito oposto àquele da menina na outra foto, na mais antiga. Tenho uns dezenove anos, estou falando, vestida com uma jaqueta jeans apertada e uma calça boca de sino xadrez, com um grande cabelo black, as duas mãos nos quadris, uma delas invisível; estou usando óculos de armação fina e há uma grande bolsa verde no chão. A bolsa contém livros. A outra figura na foto é uma amiga, de minissaia e livro na mão. Parece que estamos falando ao mesmo tempo. Estamos obviamente discutindo alguma coisa importante sobre organização política — a Guerra Fria ou Angola. Ou algo profundo sobre os livros que estamos lendo, além daqueles que se encontram naquela biblioteca. Ela estuda economia; eu, literatura e filosofia, naquele momento. Mas, fora das salas de aula nas quais devemos entrar, estamos lendo os jornais *Race Today* e *Freedomways*, e os livros de Frantz Fanon e Eric Williams. Essa leitura além-muros continuará durante nosso período universitário, tão insuficiente era a sala de aula naquilo de que precisamos para viver.

Minha amiga e eu estamos animadas na fotografia; seja lá qual fosse a conversa, a foto registrou sua intensidade. Parece que estamos em ação, em movimento, embora paradas. Parece que o que temos a fazer é certo e controverso. Estamos combinando alguma coisa para mais tarde, para depois da aula, para aquela noite, quando voltaremos a nos encontrar na St. George Street ou em alguma sala barulhenta repleta de argumentações e risadas. Ou estamos discutindo com desânimo as agressões verbais diárias que recebemos nas salas de aula — a linguagem frívola, a ignorância autoindulgente que a nossa presença desperta nas pessoas, em colegas de classe e no corpo docente. Talvez o que essa fotografia registre não seja tão diferente do registro da fotografia da infância. Minha amiga e eu temos dois objetivos simultâneos. O primeiro é a urgência política fora da biblioteca. Estamos em 1973 ou 1975 — os movimentos Black Power, antiapartheid e as lutas pela libertação estão a todo o vapor. Nós estamos envolvidas. O segundo objetivo é o que nos leva às salas de aula para assegurar um bacharelado como uma garantia contra a precariedade. Este último objetivo nós herdamos de fotografias mais antigas enviadas ao exterior. Agora *nós* estamos no exterior, "estrangeiras" e distantes. Nos separamos uma da outra e nos sentamos naquelas salas de aula que são garantias contra a pobreza. O mundo político é o mundo das nossas esperanças de subverter aquelas vidas de espera na primeira fotografia; é o mundo das nossas esperanças de reverter todas as relações ali. O desarranjo da fotografia mais antiga, a permeabilidade das crianças, se transforma gradualmente em conhecimento e consciência. Nós sabemos mais do que sabíamos então. O que pode ter começado por instinto surge à vista. É como se o chocalho da criança tivesse se transformado na bolsa verde com todos aqueles livros; como se as irmãs e a prima tivessem se materializado na amiga — depois de eu ter seguido minha irmã mais velha, aquela menina alta e serena, na universidade e pelas ruas nos protestos anti-imperialistas.

Quando deixo minha amiga, quando pego minha bolsa (lembro que eu amava aquela bolsa) e desapareço na sala de aula, eu estudo literatura inglesa dos séculos XVII, XVIII ou XIX. Esses cursos são obrigatórios na graduação. O corpo docente não fará nenhuma referência às histórias que produziram e serviram de esteio para essa literatura. Essas histórias serão ignoradas ou abordadas com o posicionamento liberal de assumir um estado natural. O corpo docente não observará a linguagem dos textos que fazem referência a essas histórias e psicologias. Como o meu corpo na sala de aula, os corpos negros que aparecem nos romances serão inanimados.

De modo consistente, nessas ficções (brancas) que eu estudei as pessoas "civilizadas" eram sempre abordadas, enquanto as "não civilizadas" eram aquelas que carregavam essa significação dentro e fora do texto — e eram marcadas como não civilizadas apesar de qualquer disposição para o aprendizado ou adoção das posturas das pessoas "civilizadas". O texto, em outras palavras, demandava esse posicionamento e o designava como um posicionamento nosso. O texto/ficção/romance era um modelo para a díade mais persistente e necessária — o civilizado e o selvagem. A proliferação e a padronização da literatura e do aprendizado (ou seja, o que devia ser lido, o que devia ser ensinado, o que devia ser aprendido; e o que não devia ser lido, o que não devia ser ensinado, o que não devia ser aprendido) comunicam a insistência e a necessidade dessa díade. Fosse grosseiramente sofisticada, fosse grosseiramente grosseira, essa formulação do civilizado e do selvagem acompanhava ou perturbava todos os textos. Eu recebia esses romances dos séculos XVII, XVIII e XIX (ou trechos deles), primeiro quando criança e então já adulta, como lições e metalições sobre piedade, obrigação, economia, sobre o ganho e a perda de privilégios, e sobre o lugar que eu, e aquelas pessoas como eu, ocupavam. Aquelas pessoas que estavam fora do escopo eram posicionadas para desejar a entrada, mas essa entrada só se daria pela autoimolação.

A convicção de que outras pessoas precisavam ser subjugadas para o bem delas próprias foi o esteio do romance dos séculos XVII, XVIII e XIX. Meu argumento não é que estejamos "ausentes" dos textos literários; nós não estamos ausentes. Nós estamos no texto. Potentes como a vida. Mas nos ensinaram (e a outras pessoas) a eliminar ou contornar nossa presença, ou a observar essa presença como um tipo de pano de fundo, imutável, não sujeita à ação do texto. Éramos como um jovem Albert (Chinua) Achebe lendo *Coração das trevas* e se confundindo com as pessoas no barco, e não com as figuras sombrias e grotescas na costa.

Diante dessa profunda influência, podemos nos perguntar: essa díade ainda acompanha o romance? Ainda é a tranca e a dobradiça da estrutura?

II. Oroonoko e o romântico racial

Sobre a escritora do século XVII Aphra Behn, Virginia Woolf observou, em *Um teto todo seu*: "Todas as mulheres deviam deixar flores no túmulo de Aphra Behn, que fica, escandalosa mas apropriadamente, na abadia de Westminster, pois foi ela que conquistou o direito das mulheres de expressarem seus pensamentos".[48] Behn é saudada como uma protofeminista com base em sua considerável biografia, em sua ficção, em seus escritos políticos e em seu posicionamento como mulher branca na Inglaterra do século XVII lutando para ganhar a vida com a escrita.

Woolf se concentrou nas façanhas de Behn para sobreviver no contexto de uma escrita britânica estabelecida, centrada no patriarcado e no domínio de escritores homens e da opinião masculina. Mas se olharmos mais a fundo, para além do fato da escrita, para a sua substância, encontraremos pouca diferença entre as palavras de Aphra Behn e o binário civilizado e selvagem, entre as palavras da autora e as expressões do império nos textos masculinos. Algumas pessoas da escrita e da crítica sustentam que *Oroonoko* era um romance antiescravagista. E no século XVIII e início do século XIX, quando cresciam as reivindicações pela abolição, o romance foi aclamado como o primeiro do gênero.

Dificilmente.

Sem dúvida a obra de Behn no geral cumpre um papel formativo no desenvolvimento do romance inglês. Lembro que minhas primeiras aulas sobre literatura feminista na Universidade de Toronto, no fim dos anos 1970, a posicionavam nessa história. Era uma época de recuperação de mulheres escritoras, artistas, cientistas etc. — recuperação relativa à história patriarcal. Qualquer contradição era uma inconveniência ou considerada tolerável no projeto feminista burguês. O racial sempre paira nessas salas de aula; e mesmo nos lugares com as intenções mais radicais a pedagogia racial está presente. Essas eram as salas de aula que eu frequentava; e, para mim, cada página que eu lia era animada pelos imediatismos históricos. Mas estar nessas salas era como atravessar um ar estagnado. Lá fora, o que chamávamos de revolução estava em movimento; lá dentro, o pensamento colonial se sedimentava.

Aphra Behn publicou *Oroonoko, or The Royal Slave* em 1688. O livro conta a história de Oroonoko, que, antes de ser capturado, era um príncipe na região agora chamada Gana. O romance reflete a viagem de Behn para o Suriname em 1668, as tensões holandesas e inglesas que encontrou lá e seu testemunho em primeira mão da escravidão. A mulher branca que narra *Oroonoko* comenta os tipos de colonos e as relações entre a escravidão e o cotidiano dos colonizadores. O romance extrapola o reino da ficção, se compreendemos "ficção" como uma invenção pura sem relação alguma com a vida ou com algo considerado fato. O livro de Behn é o protótipo do gênero romântico racial de filmes, peças e romances — uma forma robusta e necessária, que possui propósitos e usos importantes no mundo material do capital e da supremacia branca. E é possível que esse gênero tenha se iniciado com *Oroonoko*.

O gênero romântico racial é um conjunto de ideias que buscam recuperar as categorias raciais essencialistas, a fim de provar que são categorias ao mesmo tempo verdadeiras e falsas, mas ainda assim para conservar essas ideias fixadas; o romântico racial também busca demonstrar os esforços extraordinários e o sacrifício supremo necessários para adentrar a categoria de branquitude. O racismo romântico ou racialismo romântico (termo cunhado por George Fredrickson) é a atribuição de estereótipos "positivos" a um determinado grupo de pessoas, em que sua diferença (em relação às pessoas brancas) é valorizada, e não patologizada. No caso de *Oroonoko*, essa diferença é tanto valorizada quanto patologizada. Eu também diria que o romântico racial é um lugar que abriga prazeres e desejos brancos "ilícitos".

A narradora de Behn é uma mulher que viaja para o/vive no Suriname. Ela é uma mulher branca abastada de uma família abastada bem relacionada com a aristocracia. A novela consiste em suas observações, em particular suas observações sobre o extraordinário príncipe Oroonoko, que é negro e portanto pode ser escravizado, mas que também não é negro, uma vez que ele deve ativar as categorias do amor romântico, da honra, do fascínio, da excitação, da coragem e do sacrifício. Adentramos a obra com descrições de Behn sobre as relações entre pessoas indígenas e brancas, negras e brancas. As pessoas negras são escravizadas, transportadas para o Suriname e arredores, e a narradora faz as seguintes distinções entre as pessoas negras (que não são indígenas) e as pessoas indígenas (que não são negras):

> Mas antes de contar-lhes a história desse escravo galante, convém narrar o modo como são trazidos para estas novas colônias; os que se usam não são nativos da terra: pois com estes vivemos em perfeita harmonia, sem ousar comandá-los; ao contrário, são tratados com toda irmandade e amizade deste mundo [...] pois possuem tudo o que se chama de beleza, a não ser a cor, de um amarelo avermelhado [...]. Com esses povos, como eu disse, vivemos em perfeita tranquilidade e bom entendimento, como nos convém; conhecem todos os lugares onde encontrar as melhores provisões do país e os meios de obtê-las; e em troca das menores e mais insignificantes ninharias fornecem o que para nós seria impossível obter: pois não só nas florestas e nas savanas, durante as caçadas, atuam eles como cães de caça, percorrendo velozes aqueles lugares quase intransponíveis, e pela mera presteza dos pés alcançam os cervos mais ágeis e outras bestas comestíveis.[49]

As representações persistentes dos povos indígenas das Américas como povos favoráveis à conquista, idealizados na natureza, vivendo em harmonia com os colonos, mas ainda em falta por não serem brancos, estão todas aí. O romance de um espaço edênico repleto de "nativos" dóceis vivendo em um estado de natureza molda a narrativa de Behn. Nós lemos: "A religião nada faria além de destruir a tranquilidade que possuem pela ignorância; e as leis nada fariam além de ensinar-lhes a reconhecer a ofensa, e quanto a isso não possuem noção alguma".[50]

Esse é o racialismo romântico que a escrita de Aphra Behn concede às narrativas que se sucedem até o nosso presente. Embora as palavras "perfeita tranquilidade e bom entendimento" não ofusquem que um estado como esse "convém" às pessoas que dependem do conhecimento dos povos indígenas para sua sobrevivência, o que se oculta, é claro, são as expropriações, os massacres, a miséria e as resistências ferozes dos povos Kalina, Warao e Aruaque da região. Mas as pessoas indígenas são distinguidas das africanas transportadas para as Américas, com a serventia que é declarada. Nós lemos: "Aqueles, então, que empregamos para trabalhar em nossas plantações de açúcar são negros, todos escravos negros, que são transportados de lá para cá".[51]

Mas o protagonista de Behn, Oroonoko, está entre essas pessoas negras escravizadas — e aqui surge o caso do "negro" especial/da pessoa negra embranquecida. Essa é a única aparência/semblante de uma pessoa africana que pode aliviar os medos brancos. Oroonoko "era adornado com uma beleza nativa, transcendendo de tal forma todos aqueles de sua raça escura que chegava a despertar fascínio e reverência mesmo naqueles que desconheciam sua qualidade [...] que o contemplaram com surpresa e espanto, quando por fim ele chegou em nosso mundo".[52] Persiste no romance essa insistência de que Oroonoko não era igual às outras pessoas africanas escravizadas. Ele não pode ser como as outras pessoas. "Seu rosto não era da cor escura e enferrujada, como a maioria daqueles de sua nação, mas de um ébano perfeito, de um azeviche refinado."[53] Ele era de fato um homem branco trajado de "ébano".

A narradora de Behn prossegue, contando como Oroonoko acabou escravizado no Novo Mundo, traçando sua linhagem de príncipe, seu cavalheirismo, a perspicácia, as qualidades especiais, elevando-o acima da massa de pessoas escravizadas que não mereciam ter sua humanidade considerada. Naturalmente, ficamos sabendo que Oroonoko havia recebido uma educação europeia, o que o tornava ainda mais especial:

> Uma parcela disso podemos atribuir aos cuidados de um francês sábio e erudito que, julgando deveras proveitoso ser uma espécie de tutor real para esse negro jovem, e percebendo-o pronto, apto e muito esperto, deleitou-se ao ensinar-lhe seus costumes, língua e ciência; e, assim, foi extremamente amado e valorizado por ele. Ele também adorava quando, ao voltar da guerra, via todos os cavalheiros ingleses que lá negociavam; e não apenas aprendeu seu idioma, mas também a língua dos espanhóis, com quem, mais tarde, negociaria escravos. Vi-o e estive diversas vezes com esse grande homem e testemunhei muitas de suas poderosas ações; e asseguro ao leitor que as cortes mais ilustres não poderiam ter produzido homem mais valente, com tal grandeza de coragem e pensamento, dotado de julgamento mais sólido e de raciocínio mais ligeiro, com uma conversa mais doce e prazerosa. Ele sabia tanto quanto se tivesse lido muito: ouvira falar e admirava os romanos; tivera notícias das antigas guerras civis na Inglaterra e da morte deplorável de nosso grande monarca; e discursava sobre isso com toda a ciência e repulsa diante da inimaginável injustiça. Possuía uma fisionomia extremamente boa e graciosa, e toda a civilidade de um grande homem bem-educado. Não havia barbárie em sua natureza, e sim em todos os aspectos revelava uma educação como se a tivesse recebido em alguma Corte europeia.[54]

Tendo assegurado ao leitor inglês a distinção que poderia ser feita entre as cargas de pessoas escravizadas e esse homem em especial; tendo alvejado o corpo, embora trajado em ébano, desse homem para produzir sentimento, empatia e desejo em quem lê; tendo declarado que, a não ser pela cor, ele seria branco, e que apenas a branquitude e suas adjacências podem produzir tal sentimento e desejo — o corpo não pode se livrar totalmente de sua negritude. Então essa negritude se torna uma maravilha, uma mágica, um elemento que figura como uma espécie de luxúria. É nesse elemento que Behn e sua narradora seguem trabalhando no romance. (A narradora fará a mesma coisa com Imoinda, a amada de Oroonoko, que também é escravizada.)

As terríveis taxonomias e falsas etnografias dos atributos físicos e mentais, dos modos e hábitos das pessoas africanas e indígenas figuram tão copiosamente no livro que eu teria que citá-lo quase inteiro para ilustrar. Mas era esse o tipo de "trabalho" sendo feito à época de sua escrita: a codificação e classificação de pessoas da "África" continental, das Américas e da Europa. E essas codificações alicerçam o romance como afeto, e então se tornam caracterizações — se tornam, penso eu, dispositivos literários formais. Do tipo: Como desenvolver uma personagem? Como descrever uma pessoa? Como escrever uma pessoa? Portanto, o que é uma personagem? O que é uma pessoa? Que atributos dar a ela? É assim que a pessoa da classe média se torna o sujeito formal — e as tentativas de se tornar essa pessoa da classe média se tornam o tema do romance. O que também quer dizer que o romance, a ficção, contém e transporta todas essas pseudoetnografias, essas codificações, para quem lê; o romance e a ficção naturalizam essas codificações, como os relatos, diários e outras escritas não ficcionais da época. A questão é: em qual estrutura ideológica essas descrições vivem?

Em Gana, Oroonoko é um príncipe e um comerciante escravagista. Negocia com muitos comerciantes de escravos franceses, espanhóis e ingleses até que, com todo o seu séquito, é capturado em uma emboscada, escravizado por um comerciante francês e levado para o Suriname. Mas antes de chegar, a bordo do navio, ele inicia uma greve de fome, e o capitão, a fim de parar a greve, promete libertá-lo assim que atracarem. Então Oroonoko convence seu séquito de que o capitão é honesto. Naturalmente, nada do que é prometido se cumpre; o príncipe e seu séquito permanecem escravizados. Mas o que o romance estabelece nesse momento é a fé inabalável de Oroonoko nas afetações europeias de honestidade, integridade, fidelidade. Esses marcadores ideológicos de sociabilidade conduzirão o romance inglês, ou melhor, o romance burguês, por muitos séculos — são o metadiscurso de uma época de violência maciça e imediata, ainda que as ações dos textos e em seu interior contradigam o discurso e a época. A violência representada nesses textos já possui uma isenção civilizatória; e, nesses textos, a ação que é ou será violência se perde de vista. (Pense naquele momento em *Jane Eyre* quando Jane recusa o pedido de casamento de St. John, se oferecendo, em troca, para acompanhá-lo como "uma irmã". E para onde St. John está indo? Para a Índia, cumprir seu trabalho missionário/colonizador.) Os atos de amor, traição, ambição, honra, necessidade, ir do lixo ao luxo, o fascínio pelo charme — essas ações emergem como os temas principais dessas obras. O véu da propriedade, da graça e do valor marca a grande elisão da violência colonial — os contínuos assassinatos, massacres, sequestros e genocídios em larga escala. A brutal ruptura social sofre, dessa forma, uma elisão no literário. São essas as elisões, de terceiros, que eu e minha amiga enfrentamos nas salas de aula da universidade. Elas estão implicadas pela bolsa verde cheia de livros que aparece na fotografia em que reconheço meu eu mais jovem.

Em *Oroonoko*, lemos:

> Foram vendidos como escravos a vários comerciantes e cavalheiros; não eram postos juntos em apenas um lote, pois os apartavam bem longe um do outro; não ousando confiar neles juntos, com receio de que a fúria e a coragem os pusessem a planejar alguma ação grandiosa, para a ruína da colônia [...]. O cavalheiro que o trouxe era um jovem cavalheiro da Cornualha que atendia pelo nome Trefry; um homem de grande sabedoria e requintada erudição, que àquelas partes foi levado pelo lorde governador para cuidar de seus negócios. Ele, refletindo sobre as últimas palavras de Oroonoko para o capitão, e contemplando a riqueza de seus trajes, tão logo embarcou fixou os olhos nele; e encontrando algo tão extraordinário em seu rosto, em sua forma e fisionomia, uma grandeza de olhar e um ar de soberba, e então ciente de que o outro falava inglês, sentiu um grande desejo de perguntar sobre sua estirpe e fortuna: e, embora Oroonoko se esforçasse para esconder, confessando apenas que encontrava-se acima dos escravos comuns, Trefry logo percebeu que ele era mais grandioso do que confessava; e desde então passou a conceber uma tão vasta estima pelo outro que se pôs a amá-lo como seu mais querido irmão, oferecendo-lhe todas as civilidades devidas a um homem tão grandioso.[55]

Aqui está a supressão que ofusca a violência, o desumano. Dizer que o "cavalheiro" que comprou Oroonoko tem uma "grande sabedoria" é cercar o verbo "comprar" e o objeto "ele" com o sujeito "cavalheiro" e o adjetival "grande sabedoria"; é afastar o elemento descritivo (a escravidão), enterrá-lo tão fundo ao ponto de torná-lo indistinguível, ilegível, ininteligível. A vida posta em primeiro plano e o desejo de estetizar a vida branca, a vida europeia, emaranham certos afetos e relações de poder — como a posse de escravos — com o refinamento de caráter e o bom gosto. E assim também se realiza pela narrativa o entrelaçamento da posse, uma relação de domínio e subjugação, com sentimentos de "amor", o que não difere do modo como outras formas de servidão e opressão são envolvidas pelo paternalismo. Um obscurecimento de fato traiçoeiro.

Devemos nos perguntar: a citação acima descreve qualquer coisa realmente possível?

Oroonoko é escravizado pelos mesmos europeus que negociam com ele, os quais, segundo a narradora de Behn, ele adora. Depois que é comprado, a narradora afirma que a ele é concedido um lugar de destaque entre as pessoas escravizadas, que ele é tratado como um príncipe e como um "igual" pelas pessoas brancas. Do que essa "igualdade" é feita? Seu status não muda, e Oroonoko ganha um novo nome, Caesar — uma vez que as posses ganham novos nomes conforme o seu uso. Caesar: um nome clássico que é tanto uma paródia quanto um insulto à situação de Oroonoko. Muitos senhores de escravos da época e de períodos posteriores impuseram às pessoas escravizadas essa brincadeira de renomeá-las; é um outro sinal do deleite que os europeus conseguiam extrair da prática da escravidão. O homem que compra Oroonoko, e portanto o renomeia, promete liberdade, mas morre antes de concedê-la.

A descrição de comerciantes escravagistas africanos é significativa aqui. Oroonoko é apresentado como alguém que tem o respeito das pessoas que ele mesmo vendeu para a escravidão. Mas por que essas pessoas, tendo então encontrado o homem que as vendeu, o venerariam, depois de terem sido capturadas, vendidas e levadas para longe de seus territórios? Essa narrativa serve para sustentar a ideia de que as pessoas escravizadas abraçavam seu destino, eram fracas em caráter e inteligência, e, portanto, estavam devidamente destinadas a ocupar o lugar que ocuparam. Podemos pensar na narrativa da vida de Ayuba Suleiman Diallo — conhecido como "Job ben Solomon" —, de 1734, registrada por Thomas Bluett, e no retrato de Diallo pintado por William Hoare em 1733. Diallo era um comerciante de pessoas escravizadas na região hoje chamada de Senegal. Então ele foi capturado e transportado para a colônia de Maryland, em território que se tornaria parte dos Estados Unidos. Por ter resistido e chamado a atenção das pessoas que se maravilharam com sua erudição, com sua fé muçulmana e seu status, sua liberdade foi comprada, ele foi enviado para Londres e de lá conseguiu voltar para o Senegal. Essa narrativa de uma elite "africana" deve ter fascinado a Europa do século XVIII, e o retrato de Diallo por Hoare, felizmente, não reproduz as caricaturas tão típicas do período.

Dificilmente as pessoas que foram vendidas pela personagem Oroonoko — ou por Diallo — o teriam recebido do outro lado com qualquer sentimento além de ódio e desprezo, mas esse é um outro tropo romântico do capital: que as pessoas (negras) oprimidas amam quem as oprime.

As fantasias de opressão e violência abrangem múltiplas relações de classe, sexo e poder racial. Essas fantasias são necessárias para manter e sustentar tais relações no sentido de que representam as articulações verbais ou escritas dessas relações; mitificam e justificam as violências; usam a linguagem, o terreno do significado, para territorializar o significado, a interpretação, a existência. São tão necessárias quanto a violência. Se a conquista, a escravização e a colonização de terras e pessoas são o objetivo principal, a mitificação e o controle da imaginação configuram um veículo igualmente importante para esse fim. E essas fantasias, essas mitologias, são amplas e abundantes em *Oroonoko*. Aphra Behn trabalha com as ideias de sua época. Cria histórias que narram a vida do período. E mais, ela escreve uma obra que constitui a vida do período e então a imagina no tempo — passado, presente, futuro.

Um romance é um artefato de seu tempo. Nós atribuímos ao romance uma distância chamada "arte", e nos equivocamos ao longo da linha dessa distância. A "arte europeia" (nesta instância, algo chamado "o romance") sela a forma contra acusações de sua própria narrativa da época. Assim, a arte ao mesmo tempo sela e revela a posição contígua das economias afetivas à economia política. Poderíamos dizer que o afetivo é a forma pela qual a economia política circula. Ou seja, a economia política é vinculada ao afetivo, vinculada aos desejos; e as relações de domínio habitam o afetivo.

> E ele foi recebido mais como governante do que como escravo [...] foi-lhe atribuída sua porção de terra, sua casa, a ocupação na plantation. Mas, como tudo se dava mais pelas formalidades do que por qualquer intenção de forçá-lo à tarefa, era ele um escravo apenas no nome, permanecendo alguns dias na casa e recebendo todas as visitas que faziam a ele, sem encaminhar-se para aquela parte da plantação onde ficavam os negros. [...] Porém mal ele chega às casas dos escravos, que formam como que uma pequena cidade, e os negros todos deixam o trabalho e se adiantam, e descobrem que aquele era o mesmo príncipe que havia vendido muitos deles para aquelas partes; e é tamanha a veneração que prestam ao grande homem, sobretudo se o conhecem, tamanha a surpresa e espanto que demonstram diante de sua presença, todos se lançam aos pés dele, clamando em sua língua: "Vida longa ao rei! Vida longa ao rei!", e, beijando os pés dele, prestam-lhe uma divina homenagem.[56]

A ideia absurda de que Oroonoko foi recebido como um governante é pura fantasia, uma fantasia empregada para diferenciá-lo ainda mais dos "negros". É uma fantasia que ilustra ainda mais a reputação e as sensibilidades do colonizador — opressores racistas que perdoam a si mesmos crimes em massa contra os direitos humanos e elevam uma única figura digna entre as pessoas negras. O texto foi publicado em 1688, quando dominava um discurso monarquista, o discurso da aristocracia. Mas também existe um discurso republicano que não é menos pernicioso. John Locke está escrevendo seu *Ensaio sobre o entendimento humano*. A obra será publicada em 1689, um ano depois de *Oroonoko*. Locke, é claro, investia na Real Sociedade Africana, uma instituição escravagista, era secretário do Conselho de Comércio e de Plantations e secretário dos Lordes Proprietários das Carolinas. O enriquecimento da aristocracia britânica com investimentos no transporte marítimo, no comércio escravagista e em outros negócios subsidiários figura na superfície da cultura. É o princípio organizador central da vida econômica, da vida cívica e da vida cotidiana — e produz não apenas açúcar, algodão e outras mercadorias, mas também pessoas, suas posições sociais e as ideias que sustentam, revigoram e mantêm essas posições. Em *Oroonoko*, nós lemos:

> Trefry, que era naturalmente amoroso e adorava falar de amor, como qualquer outro, disse a ele que tinha a negra mais graciosa que jamais houve em sua plantation, com seus dezesseis ou dezessete anos de idade, ele imaginava; e que, de sua parte, nada fizera a não ser suspirar pela menina desde a chegada dela; e que todas as belezas brancas que ele já vira nunca o encantaram tão absolutamente quanto aquela bela criatura; e que nenhum homem, de qualquer nação, jamais a contemplara sem se apaixonar; e que ela tinha todos os escravos perpetuamente aos seus pés; e que a fama de Clemene ressoava por todo o país. "Assim nós a batizamos", disse ele, "mas ela nos recusa com tão nobre desdém, e é um milagre que ela, capaz de inspirar tais desejos eternos, se mostre tão fria e indiferente. É adornada com a mais graciosa modéstia que já embelezou a juventude, e seus suspiros são tão suaves que, fosse ela capaz de amar, alguém poderia jurar que ela ansiava por algum felizardo ausente, e assim recuava como se temesse um estupro.[57]

Todo esse parágrafo se qualifica como uma paródia. Coincidência literária, Imoinda, o amor da vida de Oroonoko antes da escravização, também foi escravizada e levada para o Suriname, onde foi vendida para o mesmo homem, Trefry. Ela é renomeada como Clemene, em homenagem a Clímene, da mitologia grega, que é, entre outras coisas, a mãe de Atlas e de Prometeu. Trefry descreve para Oroonoko seu encontro e seu desejo por ela, e duas fantasias se tornam uma só. Vemos a total romantização e a narração higienizada do estupro, assim como as fantasias de que uma escravizada poderia exercer sua vontade e dar consentimento. A condição subordinada e "estuprável" das mulheres africanas/negras na escravidão não é novidade, agora ou então. Mas apresentar a escolha como uma possibilidade para Imoinda é um desserviço e desonesto. Imoinda é escravizada, mas a narradora "gerencia" a violência da escravidão e a violência do estupro sugerindo que a escolha, o consentimento e o "livre-arbítrio" podem ser expressados por uma mulher escravizada. Temos aqui o mito patriarcal da recusa da mulher; e temos aqui a oclusão e o mascaramento da "posse" de Imoinda por Trefry — o mascaramento do fato de que ser uma pessoa escravizada significa estar sujeita de todas as formas à vontade de quem reivindica a posse sobre você. A pretensão da escrita normaliza e estetiza a violência. O terror e a angústia são chamados de "frieza" e "indiferença".

Incrivelmente, a palavra "estupro" aparece no parágrafo, mas desta forma: *"e recuava como se temesse um estupro"*. Eu não tenho dúvidas de que ela temia um estupro. Na verdade, naquele momento, ela já devia ter sido estuprada. O estupro, que não era chamado de estupro, fazia parte da violência cotidiana enfrentada por mulheres negras escravizadas. Aqui Behn posiciona a palavra em uma outra elisão: "como se" faz o mesmo trabalho de distanciamento e obscurecimento que aqueles "cavalheiro", "grande sabedoria" e "comprou". E há a condicional: "fosse ela capaz de amar".

Trefry diz: "Estive pronto para lançar mão da força e do vigor que a natureza me concedeu: mas ah! ela desarma-me com aquela modéstia". Em outras palavras, Trefry declara que de fato estupraria Imoinda, não fosse a "modéstia" dela. E isso em uma conversa com Oroonoko, que ainda não sabe que é Imoinda a mulher da qual falam; e ele concorda com Trefry. Aqui a autora apresenta a similaridade masculinista entre os dois homens nesse discurso sobre Imoinda/Clemene, bem como a alardeada decência da sociedade branca e sua masculinidade galante. Chorando, Imoinda/Clemene é "'tão doce e tocante que chego a recuar, agradecendo às estrelas por ela ter-me vencido'. Todo o grupo riu-se de tal consideração por uma escrava".[58]

Sem dúvida bem cientes do cotidiano de uma pessoa escravizada, em especial de uma mulher escravizada, o grupo provavelmente riu da desonestidade de Trefry. Ou, tendo também cometido essa violência, o grupo riu da piada interna. Mas aqui podemos notar a contradição na produção da masculinidade branca da época, que oferecia ao homem branco uma aparência de civilidade que mascarava o uso contínuo de uma profunda violência. Podemos nos perguntar: o que é a masculinidade branca? O que a constituiu, discursivamente e em outros aspectos?

O romance fornece muitas repostas para essas perguntas, normalizando a hierarquia, eliminando os conflitos e regularizando o estado das coisas em um mundo plano, uniforme e naturalizado. Ao mesmo tempo, a obra aponta para — não, a obra encoraja — um certo prazer estético na violência. Veja, por exemplo, esta frase que finaliza uma história de quase estupro: "E assim passaram eles essa noite, após receber dos escravos todo o respeito e obediência já imaginados".[59] Eu penso que as pessoas escravizadas que ouviam a conversa passaram a noite com um grande desconforto, raiva e medo diante da memória do estupro. As pessoas escravizadas que atuam como espectadoras e ouvintes na história são produzidas como um pano de fundo passivo que serve à construção de um discurso branco que de todas as maneiras transforma a brutalização delas em prazer. Elas estão a par e observam a metástase da própria linguagem — ou, melhor, a sua metátese.

O ROMANCE DE APHRA BEHN afoga-se na política de seu tempo. A narradora conta sua história com uma espécie de alegria — com drama, páthos, com um tom e uma linguagem elevados e adornados, detalhes de eventos, sentimentos e descrições de paisagens — para um público curioso. Mas, quando lemos o romance, nós não podemos simplesmente ler como se ele estivesse acima dos conflitos políticos, da forma como as pessoas são tão incentivadas a ler a "arte" (uma categoria controversa quando procura se desvencilhar dos próprios processos que descreve), desvinculando a obra de sua época — ou, justamente por causa do passar do tempo, atribuindo à obra um status desprovido de valor (e ao mesmo tempo valorizado). As pessoas que escreviam e liam então não fizeram esse trabalho, e nós não podemos fazê-lo agora. Nós devemos ler o romance como uma obra vigorosamente engajada com seu tempo, como um texto que faz proselitismo desse tempo.

Aqui um trecho:

> Na época, temíamos mortalmente uma sorte de conflito entre os ingleses e os índios; de forma que mal podíamos confiar em nós mesmos, não muito numerosos, em povoados ou moradas indígenas, temendo que pudessem nos atacar, como fizeram logo após a minha partida; e, estando o local de posse dos holandeses, não é operado de forma tão civilizada como fazem os ingleses: então eles dilaceram todos os que podem capturar, invadem casas e enforcam a mãe e todas as crianças ao seu redor; despedaçaram um lacaio que deixei para trás e o pregaram nas árvores.[60]

Descrições anteriores de povos indígenas como obsequiosos, amigáveis e dóceis são expressas de forma contraditória por todo o romance; precisamos nos concentrar para acompanhá-las, para manter distância diante delas. E, quando nos concentramos, percebemos que, na verdade, os colonizadores temiam os povos cujos territórios usurpavam. "De minha parte, eu os tomei por diabretes, demônios, e não homens", diz a narradora, "no entanto, suas formas se mostraram e suas almas eram muito humanas e nobres". Na citação em destaque acima, a narradora tenta pôr a culpa do conflito nos holandeses. Faz distinções entre os domínios holandês e inglês e suas formas de barbárie. Ficamos sabendo de relações conflituosas e competitivas entre potências colonizadoras que se acusam de ser menos ou mais violentas. Porém isso leva uma leitora como eu a compreender que o regime de violência é um dado; e, embora as acusações de menos ou mais violência por parte de um ou outro Estado colonial possam ser as armas de propaganda que um lança contra o outro, isso não deve nos distrair do fato de que a escravidão é barbárie, de que a colonização é barbárie.

Apesar de sua própria falta de liberdade, Oroonoko, estranhamente, se torna um protetor e um veículo dos ingleses brancos contra as pessoas indígenas. E, quando a narradora e outros colonizadores vão para os aldeamentos indígenas, ele milagrosamente se transforma em um intérprete, e então ganha a forma de um avatar branco.

Entre as pessoas indígenas no texto, a branquitude é aquilo que estranha e surpreende — é o espetáculo. Enquanto isso, os chefes da guerra dos aldeamentos são descritos como "crianças" e "espíritos do mal", como "um espetáculo terrível".[61] Ainda assim, ficamos sabendo, suas almas são humanas e nobres. A velocidade com que a narrativa transforma e produz plausibilidade para todas as distorções do "outro" na imaginação branca é espantosa e aponta essa facilidade como uma ferramenta persuasiva na narrativa inglesa. Então, onde mais podemos localizar esse sinal/chamado/gesto/lógica linguístico/a? Na descrição de Oroonoko, a quem é dada a habilidade de compreender esse "outro" porque ele é o "outro" também. É ele que deseja conhecer os chefes da guerra e é ele que conduz as pessoas brancas pela aldeia. Em produções teatrais de *Oroonoko* no século XVIII, o romance transformado em peça é acompanhado pelo trabalho ilustrado de Henry Fuseli que mostra Oroonoko como uma estátua grega liderando as temorosas pessoas brancas em um ataque contra indígenas.

No fim, é claro, é impossível para Oroonoko sobreviver nesse texto e nessa época (ou eu poderia dizer em qualquer época, já que traço uma relação entre Oroonoko e outras figuras no imaginário racial contemporâneo). Também é necessário que ele seja trágico e que sirva como uma lição sobre a impossibilidade de sua existência. Oroonoko se rebela porque a liberdade *dele* não foi concedida como prometido, e não porque acha que a escravidão é repulsiva. Ele se rebela porque uma demanda pessoal de liberdade, uma demanda especial, é negada.

> Caesar, tendo separado os homens das mulheres e das crianças, discursou sobre as misérias e ignomínias da escravidão, enumerando toda a labuta e os sofrimentos, sob cargas, fardos e lidas que mais caberiam às bestas que aos homens; que mais caberiam a almas brutas insensíveis, e não humanas. Disse aos homens que seria assim não por dias, meses ou anos, mas pela eternidade; não havia fim para os seus infortúnios: sofriam não como homens que poderiam encontrar glória e fortaleza na opressão, mas como cães que amavam o chicote e a sineta, e mais bajulavam quanto mais maltratados; e assim perderam a qualidade divina dos homens, tornando-se asnos insensíveis que tão só serviam para carregar o fardo; não, pior; um asno, um cachorro ou um cavalo, quando cumpria seu dever, podia deitar-se para descansar e então erguer-se de volta ao trabalho, e, quando cumpria seu dever, não sofria nenhum golpe; mas os homens, homens vis e insensíveis como eles, labutavam por toda a enfadonha semana até a negra sexta-feira: e então, tendo trabalhado ou não, sendo falhos ou dignos de mérito, eles, de forma promíscua, inocentes e culpados, sofriam o infame

açoite, as sórdidas chicotadas de seus companheiros escravos, até o sangue verter de todas as partes do corpo; e cada gota desse sangue deve ser vingada com uma vida daqueles tiranos que impõem todo esse sofrimento. "E por que", disse ele, "meus queridos amigos e companheiros de lida devem ser escravos de um povo desconhecido? Eles nos venceram nobremente na luta? Conquistaram-nos em uma honorável batalha? Em nome da guerra tornamo-nos seus escravos? Isto não poderia encolerizar um nobre coração; isto não inflamaria a alma de um soldado? Contudo, somos vendidos como chimpanzés ou macacos para ser a diversão de mulheres, tolos e covardes; para servir de apoio a trapaceiros e fugitivos, que abandonaram suas próprias terras para pilhar, roubar e cometer vilanias. Vocês não ouvem diariamente como esses homens insultam-se com uma infâmia mais baixa que o selvagem mais selvagem? Devemos nós render obediência a uma raça tão degradada, que não guardou nenhuma virtude humana que possa distingui-la das criaturas mais vis? Vocês, eu pergunto, sofrerão o açoite de tais mãos?". Todos responderam em uníssono: "Não, não, não; Caesar falou como um grande capitão, como um grande rei".[62]

É provavelmente por esse discurso antiescravagista de Oroonoko que o romance ganharia atenção mais tarde como uma obra antiescravagista. E também é provável que essa reputação tenha sido auxiliada pelas subsequentes produções teatrais no fim do século XVIII. O argumento da emancipação vem embrulhado no heroico, mas apenas para algumas pessoas, não para todas — apenas para aquelas pessoas negras dispostas a ser educadas fora da negritude, ou que se empenhavam para conseguir aprovação da branquitude. Esse era um gênero bem específico de "merecimento" que não anulava a definição de selvagem, ainda que buscasse elevar a dignidade e servisse de argumento para um outro tipo de liberdade aproximada e incompleta — particularmente, a emancipação. Esse termo descrevia uma liberdade gradual, que atribuía à pessoa escravizada um status de meio-humana-até-ser-educada. E se a peça *Oroonoko* alimentou ideias abolicionistas no século XVIII, estas estavam contidas na ideia do negro excepcional que daria assistência à branquitude e ao imperialismo — o negro excepcional que seria o herói.

Aquelas pessoas entre nós que de alguma forma se identificam com Oroonoko, por pior que ele "nos" represente, sabem qual será o resultado dessa rebelião. A tristeza nos toma diante da decepção — a falha iminente desse ato de rebelião; na verdade, a falha inevitável que, no devido tempo, será representada como uma falha de caráter. Nos decepcionamos aqui, ainda que desejemos que essa rebelião ficcional aconteça; mas sabemos de milhares de rebeliões, maiores e menores. Estamos em 1688 e ainda há duzentos anos de escravidão pela frente no Suriname, até 1863, então ficamos cansados só de pensar. Nós sabemos que essa rebelião será contida e que centenas de anos de opressão virão a seguir. Não sentimos nenhum alívio; sabemos que nenhuma outra forma de vida estará disponível para esse "herói". Ele está, como nós, enclausurado pelo período nessas vidas, enclausurado em seus ecos. E enclausurado também por versões racistas heroicas/românticas nossas que serão representadas em palcos e livros nos anos que se seguirão, atravessando os séculos até o momento que vivemos agora.

O desfecho do romance, é claro, se dá com um outro discurso de Oroonoko — sobre o fracasso da rebelião, no qual ele diz que tentou libertar pessoas que eram "escravas por natureza". É aqui que a narradora reconcilia a diferença entre o herói dela e as massas de pessoas escravizadas. Assim, podemos talvez dispensar as reivindicações de emancipação — e essa dispensa pode vir da boca do bom negro, do negro heroico. E, personalizando as demandas de liberdade, a dominação branca é recuperada como a norma geral. Em outras palavras, a elevação de Oroonoko concede a ele o direito de personalizar sua liberdade e separá-la da reivindicação geral por liberdade. Além disso, o fato de o próprio Oroonoko, "um dos seus", condenar as pessoas escravizadas como pessoas sem ambição ou coragem suficientes confirma a proposição original de que elas só serviam para ser escravizadas. Naturalmente a rebelião fracassa, como devem fracassar todas as rebeliões em uma narrativa branca — porque a ordem deve ser restaurada e a virtude da empresa colonial, garantida. As palavras que se seguem podem surgir da escravocracia, mas poderiam ser palavras que emergem da democracia liberal de hoje, que situa os protagonistas em uma mesma relação com a supremacia branca:

> Caesar foi capturado e açoitado como um escravo comum. No rio, encontramo-nos com o coronel Martin, um homem de grande cavalheirismo, sabedoria e bondade, a quem celebrei em uma personagem de minha nova comédia, com seu próprio nome, em memória de um homem tão corajoso. Ele era sábio e eloquente e, graças à excelência de suas qualidades, exercia grande influência nos corações de toda a colônia.[63]

Ao longo de toda a narrativa, são empregadas essas estranhas descrições de uma pessoa envolvida na conquista e na escravização. Referir-se a alguém como virtuoso, corajoso *e* colonizador é uma elisão da magnitude de milhares — uma elisão branca, uma elisão através da qual toda a branquitude é transportada, uma lacuna na qual toda a branquitude é envolvida e envolve.

> O carrasco veio e primeiro decepou seus membros e lançou-os ao fogo; então, com uma faca terrível, decepou suas orelhas e o nariz, queimando-os; ele ainda fumava, como se nada o tivesse tocado; então cortaram-lhe um dos braços, e ele ainda suportou, segurando o cachimbo; mas quando o outro braço foi cortado, sua cabeça pendeu e o cachimbo caiu, e ele cedeu sem um gemido ou reprovação.[64]

Como se tudo não fosse horrível o bastante, os detalhes da tortura de Oroonoko depois de sua rebelião se superam. Que trabalho esses detalhes fazem? Qual é o seu objetivo? Há lascívia e uma espécie de prazer neles — "e primeiro decepou seus membros". E, uma vez que a negritude excede o humano, enquanto Oroonoko é decepado até a morte, ele suporta tudo fumando um cachimbo. Por fim ele morre, sem sequer emitir qualquer "gemido" ou "reprovação". A descrição é terrível. Como escreve Zakiyyah Iman Jackson:

> Pessoas negras/enegrecidas não são tão desumanizadas a ponto de serem consideradas não humanas ou quase humanas, nem são tidas como semelhantes a animais ou máquinas; são classificadas *simultaneamente* como sub, supra e humanas, e de uma

forma que ameaça o ser porque as operações de ser simultaneamente tudo e nada para uma ordem — humana, animal e máquina, por exemplo — constroem a humanidade negra/enegrecida como a privação e a exorbitância da forma.[65]

Eu comecei dizendo que *Oroonoko* é um romance que opera no romântico racial. Então qual seria a outra metade do romântico? Seria essa figura que suporta todas as adversidades em nome do amor pela branquitude, mesmo quando a branquitude decepciona ou se mostra brutal? É o "escravo" que idolatra a branquitude e está sempre trabalhando em direção a suas virtudes? O "escravo" cuja nobreza é reconhecida, invejada, distinguida da selvageria daquelas pessoas "de sua própria estirpe", mas nunca suficiente para existir ao lado da branquitude — e se torna aquilo que a branquitude usa como mais uma nota de demarcação? Essa negritude, a branquitude declara, é o tipo de negritude que pode adentrar o mundo da vida. E esse romance deve sempre terminar em morte e fim, ou na servidão continuada. Essa figura deve morrer por sua honestidade, inocência ou decepção, por sua incapacidade de sustentar uma tal nobreza, modéstia etc. Ou deve provar que é boa demais para ser verdade — em oposição ao "escravo" bom o bastante.

O romântico racial oferece um modelo para muitas representações de pessoas negras — em particular, pessoas negras em posições de poder que supostamente devem refrear os excessos da supremacia branca. Muitas figuras e cenários desempenharam, e ainda desempenham, esse modelo através do tempo. Pense, por exemplo, na caracterização de Tiger

Woods na mídia — seu status excepcional de queridinho e sua queda. Pense em suas representações visuais, as questões de raça, no termo "cablinasiano"* cunhado por ele, em seu próprio investimento no tropo, e então, após sua queda da graça, o surgimento de um Tiger inteiramente novo na capa da revista *Vanity Fair*: sem camisa, escurecido, usando um gorro preto e com uma aparência "ameaçadora".[66] Pense em Barack Obama e nas muitas questões que a direita levantou sobre suas alianças, nas diversas formas pelas quais sua imagem e suas conexões familiares com o continente africano foram empregadas; pense também na forma como sua mãe e seu avô brancos foram utilizados para sustentar sua legitimidade.[67] Esses são apenas alguns exemplos do imaginário romântico racial no contemporâneo. A caracterização de Obama é a caracterização de Oroonoko — assim como qualquer figura negra que alcança ou ocupa uma posição de poder no capital branco é caracterizada como Oroonoko na imaginação branca. Essa figura é sempre perseguida — ou seja, os homens negros são incitados a ser esse príncipe (ou são contrastados com esse príncipe) na imaginação branca apenas para serem destroçados quando a utilidade dessa figura chega ao fim. É aí que a narrativa, ficcional ou real, faz pleno uso da morte dessa figura — para confirmar a inutilidade de sua entrada na existência.

* Termo com o qual Tiger Woods se definiu em uma entrevista de 1997 à apresentadora Oprah Winfrey. É uma junção das palavras *caucasian* (caucasiano), *Black* (negro), *Indian* (indígena) e *Asian* (asiático). (N. T.)

III. ou a aventura já é sempre violenta

A VIDA E AS AVENTURAS DE ROBINSON CRUSOÉ, de Daniel Defoe, se passa em 1651-94 e foi publicado em 1719, trinta e um anos após *Oroonoko, or The Royal Slave*. Não reproduzirei aqui o enredo de *Robinson Crusoé*, concentrando-me mais em indicar algumas de suas significações possíveis, que permanecem intocadas em favor dos elogios à estrutura narrativa da obra e à sua influência duradoura nos romances ingleses. A história é conhecida, e basta o mais ligeiro gesto para que seu espectro adentre todos os cômodos. Essa história se tornou um modelo poderoso para a estrutura narrativa e para a concepção narrativa no romance, abrangendo trama e emoção. Então: alguém sai para o mundo, um mundo desconhecido, onde não há comida ou abrigo e há elementos hostis cujos propósitos são matar ou capturar você. Você se arma, encontra alimento, aguarda o resgate, apela a Deus. Você diz: "Se conseguir sair daqui, nunca mais farei isso de novo". Você descobre Deus. Você barganha com Deus. Você evita a vida não humana hostil, você mata algumas vidas hostis quase humanas — e acode algumas delas, que ficam tão gratas que passam a adorar você. Eventualmente o resgate chega e você ganha o prêmio.

Ah, não, espera: essa é a história de um reality show, *Survivor.*

Nós podemos inserir as incontáveis narrativas, as incontáveis iterações desse romance, nos vários regimes educacionais e comunicativos do passado e do presente. Então, voltemos para 1719, para *A vida e as aventuras de Robinson Crusoé*.

Nossa expectativa no início do romance é a sobrevivência de Crusoé. Aventuras nunca terminam em morte — ao menos não com a morte da figura protagonista e não nos romances. Os romances falam de vida e morte, mas a figura protagonista deve sobreviver. E deixamos o desejo e a expectativa nos tomarem. Nos perguntamos: como ele se sairá? Como ele continuará a viver? Sabemos vagamente que a sobrevivência dele depende da escravidão, já que esse fato é mais que uma sombra no começo do texto. Talvez isso apareça em algum lugar nos alertas e na reticência do pai: fique na Inglaterra, ganhe a vida com as economias secundárias e terciárias do comércio e da plantation escravagistas. Mas quem lê se põe do lado do protagonista, contra o pai dele — ansioso por desafiar o pai, para experimentar o mundo. Crusoé é jovem e está fugindo de uma vida enfadonha e do controle do pai. Nós queremos que ele parta para a aventura. De que outra forma o livro continuaria?

A inocência implicada, ou posta, na palavra "aventura" — o gesto em direção ao supostamente desconhecido —, não é de forma alguma inocente, mas uma disposição de se esforçar e de fazer algo. E nos séculos XVIII e XIX, o público leitor entendia o que era esse algo, tal como nós entendemos hoje: noções de investimento, finanças, capital de risco etc. Nós conhecemos as palavras; reprovamos seus significados. Como as pessoas faziam antes. Ou amamos os significados. Como as pessoas amavam.

Crusoé é "voltad[o] inteiramente para conhecer o mundo".[68] "Conhecer o mundo" é uma frase empregada em referência à exploração; como "ir para o estrangeiro", "fazer fortuna" e assim por diante são todos eufemismos ou entendimentos de conquista — ou lucro, no mínimo. A aventura já é violenta — pressupõe um encontro sem fronteiras e do qual será extraído um lucro. A aventura não é uma "jornada" em que a figura viajante sai em busca de iluminação; a aventura não é um ato suplicante. (E mesmo uma jornada de "iluminação" certamente se associa às aventuras de escravização e genocídio.) A aventura se apresenta como a personagem, uma personagem que de fato pode mudar — mas apenas em direção à violência, pois espera encontrar perigos. Há uma qualidade que permeia a aventura, que já é preparada para a violência ou o dano, seja essa violência causada ou recebida. A aventura já é preparada para a ação, e não para o testemunho. Uma incursão agressiva é pressuposta na palavra "aventura". A paisagem da aventura é cinética, volátil, perigosa. E o aventureiro está preparado para a batalha.

Nós vemos Crusoé dizer:

> No princípio, travei conhecimento com o mestre de um navio que estivera na costa da Guiné e que, tendo sido muito bem-sucedido por lá, resolvera voltar [...]. Embarquei levando quinquilharias, que ele havia me instruído a comprar, no valor de quarenta libras, aproximadamente. Consegui as quarenta libras por intermédio de alguns parentes com os quais me correspon-

> dia e que, assim acredito, convenceram meu pai, ou pelo menos minha mãe, a contribuir [...] para minha primeira aventura.[69]

E assim, já no início do romance, a costa da Guiné aparece. "Muito bem-sucedido" é o eufemismo, o signo, para o comércio escravagista. Na costa da Guiné, as quinquilharias serão trocadas por coisas com e sem valor: "em suma, aquela viagem fez de mim marinheiro e comerciante, visto que da minha aventura voltei para casa com pouco mais de dois quilos de ouro em pó, que me renderam, em Londres, quase trezentas libras, e isso me encheu de pensamentos ambiciosos que, a partir de então, precipitaram minha ruína".[70]

Essa matemática significa a lucratividade da empresa colonial, mesmo para alguém tão jovem. Demonstra a total imersão do *material* e do *imaginário* na economia da escravidão, com todas as suas indústrias emergentes. A moeda guinéu [de Guiné] foi cunhada na Grã-Bretanha por volta de 1663.

Também já no início do romance, em uma das viagens para o continente, Crusoé é capturado e escravizado por dois anos na região agora conhecida como Marrocos. Quando o próprio Crusoé é capturado e escravizado, nós paramos? Esperamos que ele retorne? Não. Em outras palavras, nós ficamos conscientes do tráfico de pessoas escravizadas conforme prosseguimos, e assim ignoramos o fato, ou o consideramos uma mera fachada ou um contexto de sobrevivência. Crusoé alcança a iluminação? Não. Como o público leitor dos séculos XVIII e XIX estaria totalmente ciente do significado de "aventura", esse público também entendia o que significavam as navegações e as viagens ao Novo Mundo; sabia o que significava trabalhar em navios e ir para o mar. Essas pessoas eram familiarizadas com o mundo do romance fora do romance que o romance representava. E esse romance refletia suas vidas e aspirações, seus desejos e talvez seus medos.

Depois de dois anos escravizado, Crusoé escapa na companhia de um jovem chamado Xuri, também escravizado. Eles navegam pela costa oeste da África, aguardando o resgate. Crusoé sabe que "todos os navios provenientes da Europa"[71] atravessam essa costa. A escravidão por posse é um comércio, um mercado aquecido. Defoe escreve: "Vimos pessoas à beira-mar observando-nos; e pudemos constatar também que eram negros retintos, e estavam nus".[72] E então, por toda a costa, Crusoé é ajudado pelas pessoas negras retintas e nuas; ele e Xuri recebem água e comida, mas Crusoé verá aquelas pessoas apenas como selvagens.[73] Por fim, os dois encontram um navio. E o "menino" Xuri — que socorreu Crusoé tantas vezes e que nunca é retratado como alguém que carece da própria liberdade, que encontrou as mesmas dificuldades que Crusoé ao longo da costa, que corria perigo como ele, e que presumidamente também fugia da escravidão — é vendido por Crusoé. Que só se arrepende depois, quando adquire uma plantation no Brasil que demanda mão de obra.

No decorrer da narrativa, é incrível o que se toma por certo, o que se torna discurso e o que é considerado lógica, o que se presume ser normal, o que *é* normal — a saber, a branquitude representada em seres humanos que fazem o que bem entendem com os "selvagens", apesar de qualquer afiliação. O foco do protagonista assume e carrega o peso da afinidade, e as afinidades de quem lê são presumidas também. O peso moral segue com o protagonista, independentemente de suas ações. Então: Crusoé participa do comércio e é capturado e escravizado, o que deveria parecer errado, mas apenas no caso dele. Não nos é permitido apreender os desejos de Xuri. O significante negro está pronta e otimamente presente para o serviço. Mas sobre a sua escravização Crusoé nos diz: "E agora, mais uma vez, eu estava livre da mais infeliz das condições de vida, e precisava considerar o que fazer em seguida".[74] Então a escravidão é admitidamente a mais infeliz entre as condições de vida. Mas a resposta para o que vem em seguida é submeter outras pessoas à escravidão.

O livro está cheio de contradições desse tipo — mas talvez não sejam contradições, uma vez que a designação humana só se aplica às pessoas de origem europeia. Um capitão português recomenda o Brasil para Crusoé, então ele é levado até lá.

> Não demorou muito tempo até eu ser recomendado à casa de um homem bom e honesto, que possuía um engenho, ou seja, um canavial e uma usina de açúcar. Residi com ele algum tempo, e assim aprendi o método de plantar cana e fabricar açúcar; e vendo como os fazendeiros viviam bem, e como enriqueciam rapidamente, decidi que, se conseguisse uma licença para lá me radicar, seria plantador, e decidi também, enquanto isso não acontecia, descobrir um meio de resgatar o dinheiro por mim deixado em Londres.[75]

Aqui o protagonista fala abertamente sobre suas intenções; a elisão figura no interior da literatura e do literário. A literatura o transformou em um "homem comum", uma personagem exemplar cujas façanhas de sobrevivência devem ser admiradas e replicadas. Agora o narrador poderia ser considerado como não confiável — mas nem todo mundo faria isso, talvez. Uma leitora como eu está atenta à história e acha o narrador repugnante. Uma leitora como eu se pergunta o que foi feito de Xuri e, nesse ponto, está devastada.

A empresa da escravidão é a constante. A escravidão é o meio pelo qual fortunas são feitas, ela segue a passos rápidos, e mesmo levando em consideração a experiência posterior de Crusoé na ilha, a escravidão é o que anima a vida dele. Todas as pessoas que ele encontra, náufragas ou abandonadas, todos os navios encalhados estão envolvidos nessa empresa. No Brasil, ele é um dono de terras rico com algumas pessoas escravizadas e serviçais. As histórias com as quais ele regala seus companheiros colonos falam sobre a lucratividade da empresa da escravidão, sobre o quão rico em recursos exploráveis é o continente. E é essa empresa que faz Crusoé se tornar um náufrago. Ele anseia por participar dela — e sempre faz um balanço das somas que possui e da possibilidade de ganhar mais.

Há um tom em seus relatos que diz: "Ah, eu devia ter me contentado com o que tinha, mas que droga!". Crusoé hesita retoricamente quando nos diz que é o arquiteto de sua própria ruína ao perseguir o que ele chama de "vagar pelo mundo" em busca de aventura. A empresa e a fonte da aventura são a escravidão, o continente africano e as Américas, ricos em recursos.

> Frequentemente apresent[ei] relatos sobre minhas duas viagens à costa da Guiné, sobre a maneira de barganhar com os negros daquela região e sobre como foi fácil comprar ao longo da costa quinquilharias, tais como miçangas, facas, tesouras, machadi-

> nhas, pedaços de vidro e coisas assim, e não apenas ouro em pó, pimenta em grãos, presas de elefante etc., além de negros, em grande quantidade, para trabalhar nos Brasis. Eles sempre ouviam muito atentamente minhas conversas, mas sobretudo a parte relacionada à aquisição de negros, comércio não apenas incipiente àquela época mas que era levado a termo por meio de *assientos*, sujeitos à autorização dos reis de Espanha e Portugal, em regime de monopólio, de modo que poucos eram os negros comprados, e ainda por preço elevado.
>
> [...] tinham vindo apresentar uma proposta sigilosa; e depois de fazerem-me prometer discrição, confiaram-me que pretendiam equipar um navio para ir até a Guiné, que todos possuíam plantações, assim como eu, e que de nada careciam mais do que de criadagem; e que sendo o comércio proibido e, portanto, sem condições de vender os negros publicamente quando estes chegassem, pretendiam financiar apenas uma viagem, para trazê-los à costa em segredo e reparti-los entre suas próprias fazendas; em suma, o ponto era se eu concordava em embarcar na condição de comissário, a fim de cuidar da parte comercial na costa da Guiné. E ofereceram-me uma parte igual de negros [...].[76]

Esses relatos que circulavam nos séculos XVIII e XIX são a fundação não apenas da contação de histórias, mas também de um imaginário cultural. E esse imaginário ainda ecoa.

E ecoou até o dia 4 de setembro de 2022, quando, dias antes de ser nomeada primeira-ministra britânica, Liz Truss declarou que não é dada a olhar através das lentes da "redistribuição" de riqueza (como citado no *Guardian* naquele mesmo dia). Quando exibiram para ela cálculos que demonstravam que sua reversão do recente aumento do Seguro Nacional beneficiaria pessoas que ganhavam mais em cerca de mil e oitocentas libras por ano, e pessoas que ganhavam menos em sete libras por ano, e perguntaram se isso era justo, Truss respondeu: "Sim, é justo". Ela continuou:

> As pessoas no topo da distribuição de renda pagam mais impostos, então, inevitavelmente, quando cortamos os impostos, a tendência é beneficiar as pessoas que pagariam mais impostos. Mas olhar para tudo através das lentes da redistribuição é errado, penso eu. Porque o meu trabalho é fazer a economia crescer. E o crescimento econômico beneficia a todos. Até agora, os debates econômicos dos últimos vinte anos têm sido dominados por discussões sobre a distribuição. E o que aconteceu foi que nós crescemos relativamente pouco.[77]

Aqui Truss faz um cálculo do mesmo tipo que aquele feito no período anterior — e com isso eu quero dizer que Truss habita uma imaginação que não inclui, porque não o considera, o fator da exploração da mão de obra das pessoas pobres e trabalhadoras como parte de qualquer equação chamada "riqueza". Ela chama esse fator de "redistribuição", não débitos devidos pela exploração, e portanto o descarta. As contas são sempre acertadas como se as pessoas na base merecessem ser ainda mais exploradas, sem direito a uma compensação e sem que a exploração acabe. Nós ainda vivemos com a matemática brutal dos tempos coloniais, mesmo que Truss e outras pessoas da política apelem para uma suposta "retidão" moral em seu posicionamento, que reflete a "verdade" e a "boa" ordem do mundo.

Essa qualidade também pode ser vista no romance de Defoe, igualmente repleto de meditações religiosas. Essas meditações, um dispositivo comum dos romances dos séculos XVIII e XIX, espalham-se por muitas páginas. Considerem este trecho:

> Iniciando pelo Novo Testamento, comecei a ler, compenetrado, [a Bíblia] e obriguei-me a fazê-lo todas as manhãs e todas as noites, sem ater-me a determinado número de capítulos, mas prosseguindo enquanto meu pensamento se engajasse. Depois que iniciei esse trabalho com seriedade, não demorei muito para constatar o quanto meu coração estava profunda e sinceramente abalado pela iniquidade da minha vida pregressa. [...] Eu implorava com fervor a Deus que me concedesse arrependimento quando providencialmente, nesse mesmo dia, lendo a Escritura, cheguei às seguintes palavras: "Deus o elevou a Príncipe e Salvador, para dar arrependimento e remissão dos pecados". Larguei o livro e, com o coração e as mãos levantadas para o céu, em uma espécie de êxtase, bradei: "Jesus, filho de Davi! Jesus, elevado a Príncipe e Salvador! Dai-me arrependimento!".
>
> Posso dizer que foi a primeira vez que orei, no verdadeiro sentido da palavra, em toda a minha vida, pois agora orava com entendimento da minha situação [...]. E meus pensamentos, dirigidos por meio de constantes leituras da Escritura e preces a Deus a questões de natureza elevada, levaram-me a alcançar bastante paz interior, da qual até então eu nada sabia; além disso, [...] minha saúde e minhas forças voltavam [...].[78]

As reveladoras justaposições citadas aqui parecem nunca incomodar o deus dessas meditações, que dispensa os suplicantes com bênçãos e uma licença para reinar sobre tudo o que há.

Por padrão, os romances desses séculos recorriam à filosofia cristã como um sonífero, uma elisão de suas intenções, uma alusão ao poder conscrito e concedido por Deus. Isso obriga uma leitora como eu a afirmar que não sou uma leitora solidária, e que acho tudo isso mais piegas do que lamentável. Uma leitora como eu pensa que se "os céus" determinaram qualquer coisa, o abandono de Crusoé na ilha foi o que ele mereceu — embora não fosse o que as pessoas indígenas mereciam. Uma leitora como eu pensa que a "Providência" arruinou muitas de suas criaturas e as relegou à miséria com os negócios desse protagonista e daqueles de sua laia. E se alguém fosse uma leitora como eu, esse alguém, neste ponto, desejaria a desgraça de Crusoé. Esse alguém desejaria que a narrativa terminasse aqui, onde Crusoé se encontra mais desolado. Mas esse alguém seria uma leitora como eu.

Se não fosse uma leitora como eu, esse alguém mais uma vez experimentaria uma apreensão ou simpatia pelo medo do protagonista de cair em desgraça. Sua natureza repreensível não seria repulsiva. Esse alguém não diria: "Bem feito!". Esse alguém que admira essas confissões se deixa seduzir facilmente ou já se afundou tanto no éter ideológico do capital que Crusoé parece "lógico". Mas se você é uma pessoa que descende de pessoas que foram vendidas para a escravidão, você entenderá o meu posicionamento. Por que seguimos com esse protagonista se não fomos tomados pela sua ambição — e o que chamamos de ambição no começo podemos agora chamar de ganância? Por que continuamos quando o protagonista é tão tolo e mercenário?

Em um outro momento Crusoé fala sobre "a carga de culpa que [me] oprimia todo o ânimo",[79] mas essa culpa parece estranhamente (para uma leitora como eu) desvinculada de seu envolvimento com o comércio escravagista e com a desumanização em nome do lucro. Essa culpa vem de sua teimosia diante dos desejos do pai. É uma culpa amebiana, ubíqua, sem fundamento — ou fundamentada apenas em algum crime filial, em algum crime inato como aquele de Adão e Eva, tão conveniente e amorfo.

Os romances ingleses que emergiram do comércio escravagista atlântico e de seu legado voltam-se para o religioso como um descanso e um alívio — espelhando os argumentos religiosos da época, que sustentavam o comércio e a regularização de populações que atravessavam a Revolução Industrial. E esses romances também recorrem à doença para elaborar o religioso: a personagem é lançada em um estado sobrenatural por febres que despertam reflexões espirituais — mas não reflexivas o suficiente para acabar com o fascínio do império. Crusoé fica são para estabelecer que ele é "rei e senhor de tudo o que há" — nesse lugar desconhecido com o qual não possui nenhum vínculo, a não ser pelo naufrágio e pela *noblesse oblige*.* Toda aquela piedade, todo aquele acerto de contas com Deus, toda a religiosidade que ele vivencia na ilha é tudo presunção, conduzindo a uma outra forma pela qual a supremacia branca se pensa como serva de deus. Nada disso se contradiz no texto — Deus e a escravidão são

---

* Expressão francesa que significa "A nobreza obriga", sugerindo que aqueles que ocupam posições de privilégio, riqueza ou poder têm a responsabilidade moral de agir com honra, generosidade e dever para com os menos favorecidos. (N. T.)

perfeitamente compatíveis; é assim que muitos romances do período podem dissertar sobre piedade ao mesmo tempo que suas narrativas são sustentadas pela posse de pessoas escravizadas e pela construção de riquezas à custa da miséria de populações inteiras.

Por que Crusoé acha que essa ilha pertence a ele? No espírito de conquista dessa época no cosmos europeu, tudo o que você encontra, mesmo que por acaso, pertence a você. Ele pode ser um estranho na ilha, mas a fantasia é que o lugar lhe pertence. Crusoé não leva em consideração as pessoas que podem viver ali, pois supõe-se que ninguém vive ali; e a conclusão, portanto, é que a ilha é dele. Mas "ninguém" e "minha" são fabricações da imaginação imperialista. O inventário que Crusoé faz do cacau, de laranjas, limões, limas, uvas etc. é o inventário de um comerciante, não de um sobrevivente ou de alguém que está simplesmente vivendo a vida. Esses registros se espelham na total e súbita expansão econômica da época, na "descoberta" e introdução de novos "produtos" para os mercados europeus de classe média. Crusoé é tomado, habitado, ideologizado por essa visão de mundo, que integra o — e é interpolada pelo — cristianismo. Crusoé pode falar sobre uma carga de culpa, mas em um romance repleto de inventários, essa "carga de culpa" permanece indiscriminada. Os romances do período se voltam estranhamente para essa busca religiosa sem qualquer clareza sobre os pecados. Essa volta, a virada de pensamento, é sem dúvida o grande empreendimento da taxonomia do colonialismo, a era da carnificina na África e nas Américas.

Parte do público leitor contemporâneo pode dizer: "Bom, os tempos eram assim. Não culpe o autor ou o narrador por essas ideias. O romance é uma obra de arte e não pode ser reduzido a essa leitura". Mas essas pessoas não podem ter tudo. Em primeiro lugar, as pessoas escravizadas também viviam em seu tempo — como narradoras sem um autor. Viviam na mesma época que o autor e o narrador do romance, e qualquer equívoco pode objetificar e classificar as pessoas escravizadas como inanimadas e não humanas, como uma cadeira ou um machado, concedendo mais uma vez o manto da humanidade às pessoas europeias. Sim, o texto é uma obra de arte — como viemos a definir o que é arte. E, sim, também é redutível a suas origens e seus imaginários, que são produzidos por seu local, ambiente e detalhes cotidianos históricos.

Como vimos, as asserções autoritárias de Crusoé e sua reivindicação de posse da ilha são dados para o leitor. Mas como exatamente Crusoé possui a ilha? Mesmo nos seus próprios termos, a quem ele pagou pela ilha? É claro, a ideia é que tal autoridade é um dado, uma constante nessas terras que os europeus dizem "adquirir", tendo estabelecido áreas para cultivo — ou tendo "descoberto" plantações já existentes e designando-as como cultivo. Crusoé se descreve como um rei ou senhor de tudo; e, apesar do tom irônico, esse é seu real posicionamento em sua descrição da ilha. (O que nos diz Du Bois? "Então sempre, de alguma forma, por algum meio, em silêncio, mas claramente, sou dado a compreender que a brancura é a posse da terra para todo o sempre, amém!".)[80] A orientação psicológica de Crusoé — ou, digamos, sua orientação cultural — é assumir um tipo de posse concedida por Deus de tudo o que há ao seu redor.

Então, logo depois desse engrandecimento e satisfação, a agourenta pegada aparece na areia. Essa pegada assombra toda a literatura inglesa e de outras partes. Em seu romance, *L'Empreinte à Crusoé*, Patrick Chamoiseau nos faz pensar que a pegada representa o chamado filosófico a reconhecer e confrontar o outro, ou seja, o eu, o humano — e ele faz questão de redimir o narrador em seu reconto, trezentos anos depois. Mas uma leitora como eu, no momento que lê sobre essa pegada, deseja que a marca na areia seja um sinal da desgraça de Crusoé. Por outro lado, se a pessoa que lê é capturada pela estética colonial, obviamente sente tanto medo quanto Crusoé. Essa pegada já gerou tantas narrativas e essa estética já lançou e animou tantos romances que o romance original acabou enterrado na prática e no discurso romântico para ser perpetuamente exumado e reanimado. Essa pegada literária encobriu tantas pegadas reais que não podemos dizer "pegada" sem que ela apareça. Essa pegada só é superada pela imagem de Cristo pregado na cruz. Mas é a imagem que preocupa o romance europeu — ou o romance em geral. A pegada preocupa Albert Camus e Cormac McCarthy. Ela é o medo europeu das, ou o desafeto europeu pelas, outras pessoas.

Há um filme de Werner Herzog de 1972 chamado *Aguirre, a cólera dos deuses*. Talvez esse seja o relato de conquista europeu mais honesto que eu já vi em uma obra de imaginação europeia. Primeiro, vemos a montanha íngreme e as nuvens, e então uma linha vermelha de movimento, e então, mais de perto, um canhão e um padre, uma estátua da Virgem Maria, duas mulheres espanholas carregadas desajeitadamente em liteiras cobertas, homens incas acorrentados e escravizados, sendo empurrados e agredidos por conquistadores com armaduras em couro e ferro batido — todos descendo os Andes peruanos. Os conquistadores estão em busca de El Dorado com um canhão e a Bíblia, esse casal perfeito, na dianteira. Klaus Kinski interpreta Lope de Aguirre, um conquistador do século XVI. A ruína de seu rosto expressa ceticismo, conspiração e malícia, seu corpo se move como um esqueleto, frágil e firme, a incoordenação coordenada da verdadeira violência; ele é elegante. Um canhão despenca da montanha, outro é disparado aleatoriamente, uma jangada gira e gira em um vórtex no rio Marañón. Tudo é contado pelo corpo de Kinski — Aguirre é barulhento e furtivo. Passamos o filme inteiro observando sua imobilidade e sua locomoção. E o padre, Gaspar de Carvajal, cujo diário serviu de base para o filme de Herzog, com o rosto nada beato e ligeiramente cansado, diz para uma desesperada Inés, esposa de Pedro de Ursúa, em quem Aguirre havia atirado: "Você, minha criança, sabe que, pela graça de nosso Senhor, a Igreja sempre esteve ao lado dos fortes". Uma grande verdade. Quando Ursúa é morto por fim, Inés escolhe se embrenhar na floresta, indo ao encontro de qualquer que seja o destino horrível que ela imagina, sejam quais forem as terríveis histórias contadas sobre seus habitantes, do que ficar em meio àquilo que ela descobria ser a verdadeira carnificina. Enquanto flutuam pelo rio, o fantoche de Aguirre e imperador de El Dorado, Don Fernando de Guzmán, declara: "Todas as terras que vemos à esquerda e todo o território à direita pertencem-nos agora. Eu solene e formalmente tomo posse de toda esta terra".

A conquista é representada sem adornos no filme. Não há histórias de amor pavorosas, músicas heráldicas ou homens cavalheirescos — apenas figuras obsequiosas, covardes, gananciosas, ávidas pela tomada de poder e homicidas. Dizem que *Apocalypse Now*, de Francis Ford Coppola, foi influenciado por *Aguirre, a cólera dos deuses*, de Herzog. É perceptível. Mas o filme de Coppola é exageradamente romântico e focado demais no moralismo, no misticismo e no espetáculo estadunidenses. *Aguirre* de Herzog é tão impiedoso quanto a conquista.

Em *Robinson Crusoé*, nós lemos:

> No entanto, eu nutria tamanha aversão pelos selvagens infelizes de que tenho falado, e pelo costume miserável e desumano de se devorarem, que continuei pensativo e taciturno, restrito ao meu próprio ambiente, por quase dois anos depois disso. Quando me refiro ao meu próprio ambiente, quero dizer minhas três propriedades, a saber, o castelo, a casa de campo, que eu chamava de palhoça, e o aprisco na mata.[81]

A imaginação branca é uma coisa selvagem, como podemos ver aqui. Crusoé fica apavorado quando vê a pegada. Ele nunca encontrou os supostos canibais — só ouviu falar —, mas eles figuram em seus medos, em suas fantasias de ameaças e perigos. E nós damos por certo que os medos dele são os nossos medos. Por que não pensamos: "Ah, finalmente ele será salvo"? Por que não esperamos as boas-vindas e a ajuda das pessoas indígenas? Porque todos os ensaios de eurodominância no texto nos prepararam para um encontro com "bárbaros". O que nos prepara, mesmo no século XXI, para um encontro com bárbaros? Mesmo depois de todas as nossas leituras, "*eles*" se conservam como a ameaça, não Crusoé.

Note também que o que Crusoé chama de "ambiente" são suas "três propriedades". "Enquanto mantive as caminhadas diárias até o morro a fim de espreitar, mantive também a obstinação do meu intento, e meu estado de espírito parecia o tempo todo preparado para a matança ultrajante de vinte ou trinta silvícolas nus."[82] Tudo isso é elaborado em sua imaginação, a ponto de Crusoé estar preparado para cometer assassinatos em massa apesar de não ter visto alma viva em sua estadia de vinte anos na ilha.

Então a pegada aparece. E o indígena.

> Tinha uma fisionomia dócil, destituída de qualquer aspecto feroz e brutal; possuía traços másculos, mas havia também em seu semblante toda a cortesia e suavidade de um europeu, sobretudo quando sorria. O cabelo era comprido e preto, e não crespo feito lã; a fronte era alta e pronunciada, e os olhos cintilavam com grande vivacidade. A cor da pele não era negra retinta, mas morena, embora não fosse o moreno amarelado e com aparência doentia [...]. Primeiro, disse-lhe que seu nome seria Sexta-Feira, dia em que salvei sua vida; chamei-o assim em memória à data. Ensinei-lhe também a dizer "senhor" e dei-lhe a conhecer que esse seria meu nome [...].[83]

Essa é uma descrição física incrível: a europeização da figura, ou o desejo de descrever a figura aproximando-a o máximo possível das noções de beleza europeias, é intenso e atua como uma espécie de desfamiliarização da figura que pouco antes Crusoé havia chamado de selvagem. Oroonoko é descrito por Aphra Behn em termos muito parecidos — ganhando feições mais europeias, de forma a distingui-lo de todas as características atribuídas ao africano ou ao "nativo"; para marcar a diferença e também a falta; para mediar a escravidão e engrandecer as percepções mais refinadas de quem fala. "Mas havia também em seu semblante toda a cortesia e suavidade de um europeu." Essa é uma atribuição bizarra — a cortesia e a suavidade europeias são paradoxais, durante a época do romance e depois. Deve também haver distinção entre a figura e "os negros" — ainda que essa mesma figura venha a ser enegrecida ou africanizada mais tarde. Será importante notar, muito tempo depois, esse enegrecimento em *Foe*, de J. M. Coetzee, embora não seja a primeira instância dessa transferência.

Crusoé assume o paradoxo dessa figura e organiza a sujeição dela, acompanhada por uma boa dose de religiosidade e *noblesse oblige*. As dissertações de Defoe sobre Deus e a Providência divina representam o pensamento filosófico, assim como os discursos sobre a vida, a sorte e a escolha, e por fim sobre a superioridade do pensamento europeu. Ao indígena não é atribuída uma consciência, uma noção de mundo ou das coisas do mundo; ao contrário, a presunção é de que ele seja desprovido dessas faculdades. Uma vez que as justificativas que provam a superioridade europeia figuram bem ao lado dos tratados sobre a escravidão, elas se tornam, de fato, parte dos tratados sobre a escravidão. E na lógica do romance tudo isso ocorre depois da posse do indígena — o que significa que a dissertação em benefício próprio se conclui com a ideia de que a Providência sorri de forma estranha mas radiante para o narrador.

O que se segue em *Robinson Crusoé* é a educação do indígena, que é catequizado e aprende técnicas de agricultura.

Nós devemos acreditar, então, que as pessoas indígenas não comiam nem caçavam animais, como aves ou peixes, que eram abundantes, alimentando-se apenas de outras pessoas. Os taínos, aruaques, caraíbas, ciboneis e warahoon viviam há milhares de anos nesses territórios, mas é um europeu que ensina um deles a caçar, pescar e plantar. Isso é totalmente absurdo. (E pensa-se em Oroonoko sendo ensinado por um europeu a ser nobre ou a governar.) Nesse meio-tempo, Crusoé não aprende nada sobre a cosmologia do indígena — ou nada a não ser aquilo que ele pode ridicularizar. O capítulo "A educação de Sexta-Feira" é crucial a esse respeito; é aqui que entram em jogo as questões de cosmologia e hierarquia.

Por exemplo, ao refutar, como ele faz aqui, os mitos indígenas acerca de uma divindade, parece que Crusoé se esquece de Moisés, que foi receber as tábuas dos mandamentos. A história dos sacerdotes dos povos indígenas, Oowocaque, que recebem as instruções do deus Benamuque, que "viveu para além de tudo", certamente não é mais estranha que a de Moisés ou de qualquer sacerdote da Bíblia cristã falando com o deus cristão. Ainda assim, todas as cosmologias encontradas pelos europeus, a independer de qualquer similaridade com as mitologias europeias, são sumariamente reduzidas e descartadas. Crusoé admite livremente reconhecer uma forma de sacerdócio no relato do indígena sobre os deuses dele, mas ainda assim impõe sua própria cosmologia como superior.

Quando confrontado, por meio das perguntas do indígena, com o absurdo do cristianismo, Crusoé não consegue responder. Ainda assim eleva sua doutrina acima da doutrina do indígena. Então o indígena, e quem lê o livro, deve receber um monte de bobagens disfarçadas de evangelho.

Quanta hipocrisia, quanta negligência. Uma leitora como eu fica incrédula.

A constante tensão filosófica no romance tem a ver com o que é humano e o que não é; a sobrevivência e a soberania (de Crusoé, do romance e da sociedade europeia) dependem dessa resposta. O autor produz na fala do indígena a insistência de que os europeus o governam, a insistência de que *aquele* europeu se torne o senhor das nações indígenas. Uma leitora como eu vê a pedagogia imperialista trabalhando nessas trocas. O livro contém apenas diálogos esparsos, em contraste com a abundância de relatos, então essas conversas são importantes. A linguagem geral do livro é marcada por intenções imperialistas, e toda afirmação e persistência vão tornando essa linguagem mais e mais tediosa. Expressões como "minha ilha", "meu país", "dominar", "eu sou o rei" têm tantas ocorrências que alcançam um tom de urgência, uma repetição frenética.

Quanto às pessoas indígenas no romance, elas são representadas como dotadas de uma inocência perpétua — uma representação que, então, passa da inocência para o mal. O único propósito disso é manter o mito de que os europeus são deuses. A barbaridade dos europeus é suprimida, enquanto o suposto canibalismo das pessoas indígenas é acentuado a serviço desse mito. Ainda assim a barbárie europeia é o que vemos em progresso no romance, e também em seu período histórico, numa escala maciça. Mas a elisão não faz essa barbárie aderir aos corpos dos espanhóis ou ingleses, e sim aos corpos das pessoas indígenas.

Embora tenham vivido juntos por muitos anos, e embora, como Crusoé afirma alegremente, o homem tenha feito sua vida valer a pena, Crusoé continua a se referir ao seu companheiro humano como "selvagem". Em nenhum momento do trecho a seguir a narrativa do senhor/escravo é perturbada, ainda que os parágrafos demandem uma perturbação, e ainda que as páginas que se seguem sejam enganosas na presunção de uma superioridade moral. Nós lemos:

> Que autoridade ou direito teria eu para arvorar-me em juiz e carrasco daqueles homens, supostamente criminosos [...]. "Como hei de saber qual é o juízo de Deus nesse caso específico? É certo que aquela gente não acha que está cometendo um crime [...]. Não consideram crime matar um prisioneiro de guerra, assim como não consideramos crime matar um boi; comem carne humana, tanto quanto comemos carneiro."
>
> Depois de tais considerações, deduzi, necessariamente, que estava equivocado, que aqueles indivíduos não eram assassinos, no sentido em que eu antes os condenara em meus pensamentos, assim como não eram assassinos os cristãos que muitas vezes executavam prisioneiros de batalha, ou mais frequentemente, em tantas ocasiões, submetiam tropas inteiras ao fio da espada [...]. Seria justificar a conduta dos espanhóis e todas as barbaridades por eles praticadas na América, onde exterminaram milhões de selvagens, os quais, apesar de idólatras e bárbaros, e propensos a realizar rituais sangrentos e incivilizados, tais como oferecer em sacrifício corpos humanos aos seus ídolos, eram, em comparação com os espanhóis, um povo inocente; ocorreu-me também que a ação de arrancá-los de sua terra é nos dias de hoje vista com grande repúdio e repulsa, pelos próprios espanhóis e pelas demais nações cristãs da Europa, como mera carnificina, um ato sanguinário e

> desumano, injustificável perante Deus e os homens, a ponto de a própria palavra "espanhol" ser considerada terrível e hedionda por toda a humanidade, ou por pessoas capazes de sentir compaixão cristã, como se o reino da Espanha fosse conhecido primordialmente por produzir uma raça de homens sem noção de ternura ou sem a menor piedade para com os miseráveis, sendo a piedade o sentimento considerado marca do caráter generoso.[84]

Crusoé reconhece que os espanhóis foram violentos na expulsão de povos indígenas em algumas partes do Novo Mundo, e que esses atos não eram menos brutais que o canibalismo. Essa clareza, porém, é parcial. Seu próprio país, a Inglaterra, é responsável por igual carnificina. A propaganda civilizatória que reforçou o projeto colonial britânico é exibida nessa crítica aos espanhóis. Então aqui, em meio à "aventura", figura a rivalidade inglesa e espanhola pela conquista e pelo domínio do tráfico de pessoas escravizadas.

Crusoé faz algumas reflexões filosóficas que se aproximam de uma reconciliação com a ideia de que sua existência e sua moralidade não são superiores àquelas das pessoas que ele chama de selvagens. E apesar de todas essas equações, apesar de ter repensado sua vida, de ter repensado Deus, de ter repensado a Providência, de ter repensado o que pode ser uma diferença cultural e se perguntado se não seria errado julgar os costumes das pessoas, no fim Crusoé lamenta não ter ficado no Brasil e se transformado num colono rico, que era o seu objetivo. Ele lamenta ter tentado ir até a África buscar pessoas negras escravizadas em vez de permanecer no Brasil, deixando que outras pessoas fizessem isso por ele, comprando as pessoas africanas escravizadas quando elas chegassem no Brasil.

Até seus sonhos são sobre selvagens e escravidão: antes de encontrar o indígena, Crusoé sonha com ele; imagina-se livrando alguém dos supostos selvagens e tornando o fugitivo seu criado. Pois os selvagens, é claro, só podem ser criados ou escravos. Aparentemente, a sensibilidade europeia predominante era incapaz de imaginar qualquer pessoa que se encontrasse fora dela como um ser humano ou como uma igual ou como alguém que tivesse sido posto na terra com qualquer outro propósito que não a servidão. Os próprios sonhos de Crusoé, seus jogos imaginários, continham o prazer das possíveis formas de uso dessa pessoa, desse selvagem, que ele encontraria: "Veio-me, então, enfática e indiscutivelmente, a ideia de que se tratava do momento propício de conseguir um criado e, talvez, um parceiro ou assistente".[85]

O colonialismo, então, era um conjunto de arranjos projetado e percebido para dar prazer. Era uma estética. Um sonho. Um desejo. E algo que mal foi sonhado e já se tornou realidade. O narrador tem seu desejo realizado: um homem que, segundo Crusoé, torna-se de boa vontade não um igual, ou mesmo seu companheiro de sobrevivência, mas "meu selvagem". E, conforme vimos, assim como o Oroonoko de Aphra Behn, esse homem também — para inseri-lo no campo do reconhecível, a fim de torná-lo legível para o público branco da época e posicioná-lo no interior da cena da domesticidade imperial — tem toda a "cortesia de um semblante europeu". Na época da escrita desses dois romances, a economia da escravidão tinha mais de cem anos e ainda ganhava força. A indústria e a vida cotidiana já eram alimentadas por essa economia, e "coisas maiores" ainda estavam por vir. As tecnologias de transporte, agrícolas e manufatureiras estavam em pleno desenvolvimento, e ainda levaria entre cento e vinte e duzentos anos para a escravização de pessoas como bens móveis chegar ao fim. A escravidão, então, não era uma característica secundária da época, mas seu principal aparato. E, ao lado das economias monetárias e políticas, havia as economias de representação da negritude e da indigeneidade — plenamente desenvolvidas não apenas nos romances, mas na produção de quadros, esculturas e em outras mídias visuais, em jornais, charges e muitos outros meios.

Como o romance termina? Depois de vinte e oito anos, Crusoé é socorrido e, oportunamente, pega seu dinheiro e suas posses e volta para o centro do colonialismo. Era o que nós que o líamos já vínhamos antecipando. Quem lê a obra quer que Crusoé retorne para a vida comum da qual ele fora arrancado; o propósito de toda a aventura sempre foi retornar a esse estado — um estado em que Crusoé assegura seu próprio bem-estar através do comércio escravagista e de todas as suas ambições. Não nos enganaram; participamos avidamente da empreitada. A empreitada subjacente ao texto é livrar o protagonista da possibilidade de nunca mais voltar para a sua vida — a vida do comerciante ou proprietário escravagista. A escravidão está a todo vapor; e o indígena acompanha Crusoé em muitas viagens europeias, protegendo-o em vários atos heroicos.

O resto do romance narra a recuperação do capital de Crusoé e de todas as dívidas acumuladas em sua ausência de trinta e cinco anos da Inglaterra. Vemos que o livro todo gira em torno da contabilidade: as empresas lucrativas da escravidão e a enorme riqueza reunida. Hoje, livros de economia usam Crusoé como um exemplo do "*Homo economicus*", extraindo relatos hipotéticos de seu comportamento econômico. Matthew Watson salienta isso e critica o uso contemporâneo desse exemplo em seu ensaio "Crusoe, Friday and the Raced Market Frame of Orthodox Economics Textbooks", publicado na *New Political Economy*.[86] Nesses livros ortodoxos de economia afirma-se, de forma risível, que Crusoé e Sexta-Feira possuem um contrato. E neles Crusoé não deseja simplesmente encontrar uma forma de sair da ilha, ou mesmo um meio de sustento; em vez disso, ele é apresentado como um homem que sempre cria uma ação econômica em sua vida. Nenhum novo entendimento sobre a liberdade ocorre a Crusoé nesse longo exílio. Ele está exilado, mas *não* em um novo mundo. É claro, as hierarquias raciais são hierarquias econômicas, como o são as hierarquias de gênero; e a economia como um campo é dominada e sustentada por uma suspensão da descrença. Isso se aplica especialmente ao caso das dívidas coloniais contraídas pelos colonizados e a subordinação de várias economias ao seu antigo colonizador. Nessa inversão de mundos bizarra, a expropriação se transforma em uma dívida contraída pelo expropriado. E é aqui, nessa inversão, que encontramos "Sexta-Feira".

O romance de Defoe é repleto de contabilidades, sempre articuladas na linguagem da honra, da honestidade e da recompensa pelos esforços de Crusoé:

> É impossível expressar aqui as palpitações do meu coração [...] quando me vi cercado por minha riqueza, pois como os navios

> nas rotas do Brasil sempre navegam em comboios, os mesmos que trouxeram minhas cartas transportaram minhas mercadorias, e meus haveres estavam seguros no rio antes mesmo que as cartas chegassem às minhas mãos.[87]

As muitas reescritas de *Robinson Crusoé* no decorrer dos anos atestam não apenas o poder da narrativa, mas também suas simetrias com o capital. Atestam o poder da estética capitalista como seu próprio gênero persuasivo. Basta dizer "ilha deserta" para conjurar *Robinson Crusoé* — e esse tropo é encenado e reencenado em filmes, animações/desenhos, programas de auditório, reality shows, jogos de tabuleiro e jogos eletrônicos, livros infantis. O modelo econômico, e portanto o modelo social, de existência é assim reinscrito.

Essa eterna subordinação, essa incapacidade de considerar ninguém além dos europeus como humanos, atravessa toda a linguagem da narrativa. Essa linguagem implica tanto o romance de Defoe quanto o de Aphra Behn — é um ponto cego, uma profunda contradição no padrão e na narrativa dessas histórias, uma petrificação das ideias filosóficas e a consolidação dos termos do humano que permearão todos os textos que empregam esse padrão narrativo e investigativo. Uma leitora como eu nota o contínuo vaivém do romance; nota que essa aventura e suas reescritas podem ser lidas como um desejo constante de reforçar essas hierarquias. Cada página é uma justificativa para a dominação. Essa é a energia do texto — não a sobrevivência do protagonista, mas a sobrevivência da hierarquia. *Robinson Crusoé* é um livro muito tenso. A pessoa que o lê é levada a acreditar que a tensão vem dos perigos do desconhecido, mas, na verdade, vem do desejo de viabilidade da estrutura colonial, de garantia dessa estrutura, seu sustento e a sobrevivência de suas criaturas, de suas morais, de sua substância. O texto se move com esse desejo. E o fim da aventura é a atualização e o triunfo do projeto colonial. Essa é a tensão/sensação que acompanha toda "aventura". O que está em risco na aventura é o mundo "civilizado", o mundo que o protagonista carrega no corpo "dele". E ele deve voltar para esse mundo tendo como posse o "outro".

IV. quando foi que Sexta-Feira se tornou negro e perdeu a língua?

O QUADRO DE FICRE GHEBREYESUS me ocorre aqui. Não há nenhuma ilha em *Solitary Boat in Red and Blue.* Não temos nenhuma noção de naufrágio ou mesmo de terra no sentido convencional. O barco na pintura segue à deriva, talvez mais em direção a um futuro que a uma costa. O barco se desvencilhou fisicamente daquelas economias que o lançaram à deriva. E, é claro, "nós" estamos no barco. Um "nós" diferente da figura na aventura de Defoe. Esse barco é um refúgio da aventura. É também um refúgio e uma fuga dos significados fechados que a aventura produz. No entanto, escrito duzentos e sessenta e sete anos depois de *Robinson Crusoé* e publicado em 1986, na última década do apartheid, *Foe*, de J. M. Coetzee, afoga-se em seu antecedente. O livro também nos fornece uma transferência colonialmente esclarecedora da figura de "Sexta-Feira" — uma transferência do indígena para as Américas e para o africano/negro. Susan Barton, a narradora de *Foe*, é uma intervenção/invenção de Coetzee na imaginação de Defoe — ou talvez seja sua continuação desse imaginário. *Foe* é infundido de uma outra coisa — ou poderíamos dizer de uma coisa maior —, pois sua interlocução acumulou peso com suas muitas iterações e fascinações. Para uma leitora como eu, fica claro que seu autor vive em um mundo paralelo ao mundo de Defoe.

Susan Barton naufraga vestida apenas com suas roupas de baixo na mesma ilha que Crusoé. Essa imagem nos chega e junto com ela outra: uma mulher branca (vestindo apenas uma combinação) e um homem negro assomando sobre ela. Quando foi que a figura de "Sexta-Feira" passou a ser imaginada como uma figura negra ou africana é uma incógnita, mas de alguma forma em *Foe* ele é assim, e isso faz total sentido, claro, para qualquer público leitor contemporâneo. No esquema do capital racial em que esta época navega, é preciso criar sujeitos radicalmente opostos; a eliminação de nuances, em particular a nuance em relação àquelas pessoas que trabalham a seu serviço, é necessária para a existência e a continuação do capital racial. A figura dos povos que habitavam as Américas antes da conquista europeia, e que ainda vivem nessas terras — os povos indígenas —, não é mais necessária. A expropriação de suas terras está completada. E afirma-se que os antagonismos são deixados de lado nesse esquema ou não são considerados urgentes. Mas o trabalho no capitalismo racial, o trabalho que veio a ser significado pela negritude, é constante, necessário e contínuo — e assim "Sexta-Feira" se tornou o que ele é aqui, negro ou africano.

Uma leitora como eu percebe isso.

VOLTEMOS PARA O MOMENTO em que o narrador de Defoe, ilhado, encontra um cadáver de um outro naufrágio:

> Ele vestia apenas um colete de marinheiro, uma ceroula de linho aberta nos joelhos e uma camisa de linho azul, nada que pudesse indicar sua nação de origem. Não trazia nada no bolso,

a não ser dois dobrões de oito e um cachimbo, sendo que este último foi para mim dez vezes mais valioso.[88]

Quão estranha é essa aparição de um garoto morto em um naufrágio — um garoto que vestia roupas estranhamente similares àquelas usadas pela mulher em *Foe*, segundo a descrição de Coetzee. Será que Coetzee transformou os desejos que animavam a descrição original do garoto morto na aparição de uma mulher na ilha? E mais, será que o tom desejoso ou terno da linguagem do original produziu a figura/imagem de uma mulher para Coetzee? Ou, sem rodeios, será que o cadáver de um garoto afogado em um outro naufrágio ocasionou a invenção da mulher em *Foe*? Talvez não, pois *Foe* está intervindo nos discursos feministas dos anos 1980.

"Todos os naufrágios", Susan Barton observa, de fato "se tornam o mesmo naufrágio".[89] A repetição da história, o eurorromance com a negritude — *esse* é o naufrágio do qual o ser negro deve se recuperar. Uma leitora como eu nem sabe como começar a descrever a história de terror que se apresenta em *Foe* — uma história que já se inicia com todos os horrores. E aqui em *Foe* há outro convite — o convite para uma mulher branca "brincar" no escuro. A demótica do capital racial está em plena exibição aqui; os marcadores linguísticos estão dados. Primeiro, há a aparição do homem negro e a descrição de seu estado, com o "reluzir de dentes brancos", os "pés rachados" e o "arremedo" em sua tentativa de falar o que o homem branco ordena que ele fale e que ele não consegue falar; há uma referência ao seu cabelo, que parece ser feito de um estranho material, e por fim o toco escuro de sua língua decepada pelos escravizadores. Essas imagens e signos macabros são então empregados incessantemente em todo o romance. Susan Barton pergunta: "Sexta-Feira será um imbecil?". "Ele não tem língua", o Crusoé (ou, como o autor o nomeia, "Cruso") de Coetzee responde. E a questão da senciência de "Sexta-Feira" parece ser a ponderação geral do livro — uma ponderação que não encontra resolução. "Se a Providência fosse cuidar de todos nós", diz Cruso, "quem restaria para colher o algodão e cortar a cana-de-açúcar? Para os negócios do mundo prosperarem [...]".[90] Novamente eu observo que esse livro foi escrito em meio a uma resistência sustentada e contínua ao apartheid na África do Sul, e foi publicado cerca de quatro anos antes do fim do regime.

Por que mais essa análise centenas de anos depois se não fornece nenhuma revelação, apenas repetição — e uma repetição que parece insistência? Quem ainda precisa da figura de "Sexta-Feira"? É algo freudiano? Uma alegoria preguiçosa? Um erro? Se alguém se atribui a tarefa de reimaginar *A vida e as aventuras de Robinson Crusoé*, imaginando uma mulher na história, por que então não imaginar mais? Por que produzir essa interpretação nova mas totalmente igual?

Em *Foe* e em seu original, jamais ocorre ao protagonista ou ao romancista imaginar um mundo no qual "Sexta-Feira" não é escravizado; nunca lhes ocorre que as relações podem ser diferentes. Nunca há o pensamento de que as relações entre pessoas em uma ilha, especialmente em uma ilha povoada por apenas duas ou três pessoas, podem ser reapreendidas. Essa falha deve sua rigidez às economias políticas das épocas, que os autores produzem de modo reflexivo, e ao caldo ideológico no qual os dois romances nadam. Os mesmos tropos são reiterados através dos séculos e das geografias que separam os autores, as mesmas descrições da figura selvagem e infantil são empregadas. E a mesma teoria de superioridade pode ser observada, intacta.

De forma tediosa, porque Susan Barton é uma mulher o autor deve introduzir um encontro sexual entre ela e Cruso. E, ainda de forma tediosa, esse encontro deve ser um estupro, que Barton deve sublimar e/ou tolerar. Aparentemente é por isso que essa mulher aparece no romance, já que temos poucas informações sobre sua vida ou sobre suas motivações, exceto a brevíssima menção a uma filha perdida e à busca por ela. Afora isso, parece que a *raison d'être* dela é encontrar o autor Defoe, a fim de continuar a história de Cruso/é e, ironicamente, transportar a figura de Sexta-Feira, agora negro, pelo texto. O encontro sexual, ou seja, o estupro, e sua justificativa pela protagonista lembram Lucy no posterior *Desonra*, de Coetzee. Nesse livro, Lucy justifica seu estupro como uma espécie de ferramenta de justiça utilizada pelos homens que sofreram com a violência do apartheid — como se as mulheres, nesse caso as mulheres brancas, devessem não apenas suportar a violência do estupro, mas também entender o ato como um direito masculino, como uma forma de expiação masculina e nacional. Enquanto isso, em *Foe*, com as palavras "sem dúvida eu poderia ter me livrado",[91] Susan Barton expressa o mito da cumplicidade ou culpabilidade das mulheres em seus próprios estupros e um consentimento diante da violência masculina.

"Cedemos ao abraço de um estranho",[92] diz a protagonista, e se não fosse importante observar as implicações disso poderíamos rir e responder "Ah, dá um tempo". As palavras são inexplicáveis. Por que as mulheres sempre têm que ceder? Vemos aqui o mesmo sonífero narrativo usado na subjugação do indígena na descrição original de Defoe: a forma como o homem "cede", deitando a cabeça na perna de Crusoé, suplicante. Em *Foe*, o autor deve manter o encontro sexual fora do caminho para firmar um laço entre Cruso e Susan, embora um laço violento. Agora toda a atenção de Susan está voltada para Cruso, e ela passa a descrevê-lo, e não a si mesma. Nunca ficamos sabendo sobre seu desespero ou as terríveis condições que a levaram a acabar naufragada e lançada na ilha vestida apenas com uma combinação. Uma leitora como eu se pergunta: por que esse avatar? Se a intenção do autor é escrever o romance do ponto de vista de uma mulher, a obra dificilmente cumpre o objetivo, pois a proposta de Barton não é contar a própria história, mas reprisar a de Cruso. A vida dela figura de modo espectral, e a busca pela filha, os propósitos de sua viagem, permanecem à margem da ficção. Mesmo quando a filha aparece adiante no romance, em um sonho fantasmagórico, essa aparição não guarda nenhuma relação com a história — e sua chegada é tardia demais para ter qualquer valor, figurando mais como uma reflexão posterior do autor.

As duas principais teses do romance, que vão se delineando no curso das cem páginas seguintes, giram em torno dessas duas perguntas:

> O que impedira Sexta-feira todos esses anos de bater na cabeça do senhor com uma pedra enquanto ele dormia, encerrando assim sua escravidão e inaugurando um reino de ócio? E o que impedia Cruso de prender Sexta-feira a uma estaca toda noite,

> como um cão, para dormir mais seguro, ou de cegá-lo, como cegam burros no Brasil?[93]

Cada pergunta é uma confirmação de suas assertivas subjacentes. E cada uma delas, nessa versão das aventuras de séculos depois, contém uma falsidade histórica: de fato, todos os senhores tinham medo e antecipavam a revolta (lembre-se de Aphra Behn); e todos os senhores cometiam barbaridades com as pessoas escravizadas, começando com o ato original da escravização. Cada pergunta é também uma negação narrativa por parte do autor, postas na boca de Susan Barton. Aqui nós temos a negação das narrativas da escravidão, de histórias e casos jurídicos, do Code noir — tudo para repetir as mesmas lógicas que animaram a narrativa original. Quem se pergunta sobre essas proposições, agora ou então? É uma ideia estranha partir sempre desse tipo particular de questionamento. Por que não imaginar que duas ou três pessoas, sozinhas em uma ilha e longe dos regimes escravocratas, poderiam criar uma autonomia? Por que não imaginar que elas poderiam querer entrar em um conjunto diferente de relações?

Que pensamento mais impensado e radical.

No decorrer de *Foe*, as descrições caricatas que a narradora faz da figura de Sexta-Feira são algo a se observar. Com sua melodia sem som, seu silêncio calado, ele é uma representação da representação — e nada mais. A crítica branca vê, e quer ver, significados nessa caracterização, que não é nada além de banal. Entre todas as coisas que o romancista poderia imaginar, entre todas as reviravoltas possíveis, nós desembarcamos na mesmice. A abordagem de Defoe é compreensível — sem fingimentos; mas a abordagem de Coetzee nem tanto. Aqui eu escrevo isso não para imaginar "Sexta-Feira", ou para inspirar qualquer reimaginação de seu avatar (eu nunca me prestaria à tarefa de reescrever essas histórias), mas para lançar luz sobre um mundo que existiu/existe porém ainda não foi imaginado. Em contraste, a imaginação contemporânea, dentro e fora da literatura, parece se envolver com o mundo necrótico de Robinson Crusoé. O mundo do livro, e o mundo do mundo para o qual o livro aponta, possui uma simetria mortificante à qual Coetzee se vincula. Não se pode cortejar o contemporâneo e evitar suas demandas. Não se pode reescrever um mundo imaginado e se esquivar dele ao mesmo tempo.

Em *Foe*, Susan Barton e Cruso são por fim socorridos e Sexta-Feira foge, ao que Barton clama ao capitão no navio para capturá-lo, pois ele é "um escravo e uma criança".[94] Ela não vê a fuga de Sexta-Feira *como* uma fuga, atribuindo uma perpétua infantilidade a ele e, por extensão, a todas as pessoas negras. Sexta-Feira não poderia estar fugindo. Libertar-se da escravidão continuada não poderia ter lhe ocorrido quando ele avistou o navio.

E então Susan Barton faz sexo com um Cruso moribundo e indiferente no navio de resgate, em um ato que só pode ser descrito como misoginia autoral. A voz narradora de Coetzee é uma espécie de cifra ou recipiente de todos os tropos sexistas da contemporaneidade. Diferentemente da protagonista em *The Wall*, de Marlen Haushofer, que fica isolada atrás de uma parede invisível depois que uma catástrofe desconhecida aparentemente assolou o mundo. Tendo que se virar sozinha, ela é a antítese de Crusoé e da Susan Barton de

Foe. Ao contrário de Barton, ela vivencia uma transformação e uma autoconsciência que vão além das e escapam às reabilitações das masculinidades. Ela escreve: "Meu corpo, mais habilidoso que eu mesma, se adaptou e limitou os fardos da minha feminilidade ao mínimo".[95] Em resposta à violência lasciva de tais narrativas de "aventura", ela escreve: "Acho impressionante que nunca tenha anotado em meu diário a ocasião em que abati um veado. Agora lembro-me de que a ideia de escrever isso me repugnou; já bastava a necessidade de fazê-lo".[96]

Claro, entendo que para algumas pessoas — não para mim — é imperativo reescrever essa aventura. É imperativo se essa for a narrativa que assombra toda narrativa, se essa for a estrutura que assombra toda estrutura. Mas, no caso de *Foe*, o ato de recontar revive e repete todas as terríveis noções do terror. Em geral, são esses recontos similares àqueles de uma criança que escreve uma lição repetidamente para aprender o padrão das frases? "E que padrões são esses?", uma leitora como eu pergunta. Para essa leitora, a reescrita é um exercício maçante e tedioso de reinscrever uma visão das pessoas negras como figuras para as quais se devem ensinar lições de fraseado, lições de gramática, lições de restrição.

Em *Foe*, também encontramos a tese de Susan Barton sobre bondade e violência. Quando ela "ensina" algo para Sexta-Feira por meio da benevolência, a falta de entendimento dele conduz Barton para a violência, e ela confessa entender por que "um homem escolhe ser proprietário de escravos".[97] Então, a bondade aqui é um subconjunto da violência. ""Todos os meus esforços para conduzir Sexta-feira à fala, ou conduzir a fala a Sexta-feira, falharam', eu disse. 'Ele só se expressa em música e dança, que estão para a fala como gritos e berros para as palavras. Há momentos em que me pergunto se em sua vida pregressa ele teve o mais vago domínio de linguagem, se ele sabe que tipo de coisa é a linguagem'".[98]

Uma leitora como eu, nesse ponto, está enjoada dessa brincadeira; a brincadeira com e em torno da figura de Sexta-Feira é notável apenas naquilo que revela sobre o lugar e o uso da negritude na imaginação branca. A negritude é um lago e um olho, um mar. Um silêncio, algo que se encontra no coração da história. Apesar dos gestos, vaidades ou tentativas de discursar sobre quem fala por quem, ou quem é capaz de se expressar, ou se é possível escrever na voz do outro, *Foe* falha ao lidar com as condições materiais da criação literária, da criação de personagens, da produção de uma autoria.

Imitando os sumários de Defoe sobre Deus e Providência, Coetzee apresenta seu próprio conjunto de ofuscações:

> Nós, ou alguns de nós: é possível que alguns entre nós não sejam escritos, mas meramente sejam; ou então (penso principalmente em Sexta-Feira) são escritos por um outro e mais sombrio autor. No entanto, a escrita de Deus continua sendo um exemplo de escrita sem fala. Fala não é senão um meio através do qual a palavra pode ser pronunciada, mas não é a palavra em si.[99]

A transição de Coetzee para o "filosófico" não é um progresso, já que ainda estamos diante de uma justificativa pela falha da autorreflexão. Além disso, o que é negro segue sendo algo sobre o que se escreve; permanece como uma superfície sobre a qual se escreve; é o código para a legibilidade do discurso branco, o ensaio para os seus grandes sentimentos, para suas visões imperialistas.

A presença grosseira e sonolenta de Sexta-Feira em *Foe* está sempre próxima da vida de outras personagens protagonistas, observando, esperando ser instruído ou discutido.

> Devo libertá-lo num mundo de lobos e esperar ser elogiada por isso? Que espécie de libertação é ser despachado para a Jamaica ou posto porta afora na noite com um xelim na mão? Mesmo em sua África nativa, mudo e sem amigos, ele conheceria a liberdade? Há um anseio que sentimos, nós todos, no fundo de nosso coração, de ser livres; no entanto, quem de nós pode dizer o que a liberdade é de fato? Quando me livrar de Sexta-feira, então conhecerei a liberdade? Cruso era livre, ele que era déspota de uma ilha toda sua? Se era, isso não lhe trouxe nenhuma alegria que eu pudesse perceber. Quanto a Sexta-feira, como ele pode saber o que significa a liberdade se mal sabe seu nome?[100]

O romance questiona: a liberdade pode ser confiada às pessoas negras? E, se as libertarmos, elas saberão lidar com a liberdade? Nenhuma retórica pode negar esse significado em *Foe*. A frase "Devo libertá-lo num mundo de lobos?" nega o livre-arbítrio tão alardeado nas fantasias eurocapitalistas de "humanidade". O pseudodebate sobre a "senciência de Sexta-Feira" permeou a imaginação branca. É a elisão que tomou conta da imaginação branca, acobertando as matemáticas factuais da riqueza e da extração. E, mesmo quando aponta a inviabilidade da negritude para essa imaginação branca, essa falta na imaginação branca é transformada em uma característica da negritude, como uma "falta" negra.

A esse respeito, James Weldon Johnson, em *Autobiografia de um ex-negro*, publicado em 1912, declara:

> E essa é a influência que apequena, deforma, distorce e atua sobre todo homem de cor* nos Estados Unidos. Ele é forçado a aceitar esse prognóstico sobre todas as coisas, não desde o ponto de vista de um cidadão, de um homem ou mesmo de um ser humano, mas do ponto de vista de um homem de cor. Surpreende que a raça tenha progredido tão amplamente como o fez, visto que, em grande parte, seus pensamentos e suas atividades devem passar por esse funil tão estreito.[101]

Podemos nos perguntar se *Foe* teria sido um romance diferente se essa ideia sobre tal "influência" que distorce, ou essa palavra-chave de James Weldon Johnson, estivessem disponíveis para o autor. Talvez Sexta-Feira não fosse desprovido de língua, deitado em seu canto, incomunicável. O romance de Johnson antecipa as ruminações em *Foe*, e, quando consideramos isso, chegamos em um lugar diferente no discurso. James Weldon Johnson desenvolve:

> E também isso torna as pessoas de cor deste país de fato um mistério para os brancos. É difícil para um homem branco saber

* No original, *colored man*. O termo *colored* foi utilizado por pessoas negras nos Estados Unidos desde o século XIX, sendo repensado e debatido ao longo dos anos. No Brasil, do século XIX até o início da retomada do termo "negro", na década de 1930, a expressão "pessoas de cor" também foi utilizada por alguns grupos. (N. T.)

> o que um homem de cor realmente pensa; porque, em geral, no caso do segundo, uma luz diferente, uma outra luz, precisa ser lançada sobre o que ele pensa; e seus pensamentos são tantas vezes influenciados por considerações tão delicadas e sutis que para ele seria impossível confessá-los ou explicá-los a alguém da outra raça. Isso concede a todo homem de cor, conforme a sua intelectualidade, uma espécie de personalidade dupla; há uma faceta sua que é apenas revelada na camaradagem de sua própria raça.[102]

E SE COETZEE, em sua reescrita de Sexta-Feira, tivesse considerado Babo, a personagem do perspicaz *Benito Cereno*, uma novela de Herman Melville de 1855? O Babo de Melville, ao lado de outras pessoas negras que haviam sido capturadas, escravizadas e eram transportadas para o Novo Mundo, aprisionam um navio negreiro espanhol e seu capitão, Benito Cereno. Babo, o líder da revolta, torna-se o verdadeiro capitão do navio e obriga Cereno e os marujos brancos a bordo a fingirem que estão no comando da embarcação enquanto as pessoas negras tentam encontrar uma forma de retornar para a África. Logo o navio fica preso em uma calmaria, e é descoberto por um outro capitão, Delano. O que para o capitão Delano parece ser lealdade de Babo para com Benito Cereno na verdade era Babo mantendo reféns Cereno e a tripulação branca. E o que parece ser a ordem das coisas a bordo do navio se revela totalmente o oposto. Delano deixa a embarcação pensando que tudo vai bem até que, em desespero, Cereno pula do navio em um barco a remo. Babo salta em seguida, segurando uma faca contra a garganta de Cereno. Só então

Delano percebe a verdade — e entende que Babo também tinha a intenção de capturar o seu próprio navio. O navio de Cereno é recuperado, a revolta é violentamente reprimida e Babo, recusando-se a dizer uma palavra sequer em sua defesa, é condenado à morte:

> Alguns meses depois, sendo arrastado até a forca preso ao rabo de uma mula, o negro encontrou seu fim silencioso. Seu corpo foi reduzido a cinzas; mas, por muitos dias, a cabeça, aquela colmeia de astúcia, ficou à mostra em um poste na praça, encontrando, sem embaraço, o olhar dos brancos.[103]

Cereno é profundamente afetado pela experiência. O diálogo que se segue entre Delano e Cereno acontece depois que o navio é recuperado e está a caminho de Lima, e sugere a visão de mundo reconfigurada de Cereno.

> Diversas vezes repetiu-se o quão difícil foi encenar o papel imposto ao espanhol por Babo. [...]
>
> "O senhor está a salvo, dom Benito", clamou o capitão Delano, mais e mais espantado e angustiado. "O senhor está a salvo; o que poderá ter lançado tal sombra sobre o senhor?"
>
> "O negro."
>
> Houve um silêncio, e o homem melancólico sentou-se, cobrindo-se vagaroso e distraído com sua manta como se fosse uma mortalha. Não houve mais conversa naquele dia.[104]

O trecho questiona a caracterização da negritude que outras pessoas imaginam conhecer, ou a transparência na qual foram levadas a acreditar, o que é um corolário do tráfico escravagista. Cereno é silenciado pelo desejo e intenção de Babo — e de outras pessoas africanas cativas — de ser livre. O silêncio é quebrado quando ele diz "O negro" — uma frase repleta de espanto, marcando um profundo impacto emocional. As caracterizações da negritude nas quais Cereno (e Delano) tinha sido levado a acreditar caíram por terra.

Escrever como o senhor na narrativa do senhor — essa é uma compulsão compartilhada por quem escreve. Reescrever a narrativa do senhor. Juntar-se ao "e se". E se uma mulher (branca) aparecesse na ilha? Mas essa é uma pergunta fácil de se fazer agora, diante de tanta história, diante de tudo aquilo que se apresenta. Qual é o ponto de escrever a narrativa do senhor, poderíamos perguntar, à luz de tudo o que sabemos? No caso de *Foe*, não se trata de uma reescrita, mesmo com a aparição da mulher branca. Trata-se apenas de uma re-cópia. Um traço.

Criar uma personagem tem a ver com a criação de um sujeito e, como uma ferramenta da produção literária, é algo impregnado de práticas que tomam como premissa uma senciência negra indisponível e, portanto, inexistente. Essa premissa, penso eu, é incorporada na própria ideia de protagonista: a inteligência literária dominante (que segue um conjunto de práticas sociais já intuitivas que se refletem na forma literária) postula a sociabilidade branca como um padrão, a priori essencial, para o "protagonista".

Ignorar a centralidade do sujeito negro para o sujeito branco/imaginação branca é uma "abstração conveniente", para parafrasear Eduardo Galeano em "Em defesa da palavra", no qual ele escreveu sobre a necessidade de especificidade no discurso literário. Uma personagem não é neutra nem vazia; é um modo ativo que transporta ideias sedimentadas. E, como tal, a personagem está constantemente esboçando/definindo/localizando e incorporando a presença das pessoas negras nos textos literários — a surpresa; sua aparição enigmática significando tudo e nada. Como Chinua Achebe disse: "As histórias não são inocentes".[105] Então, quando leio *Foe*, eu vejo todas as histórias densas e estagnadas que o livro rejeita, todas as matemáticas sedimentadas que ignora, todos os sofismas que repete e todas as teorias desacreditadas que torna a propor.

V. para que redimir isso?

Em *L'Empreinte à Crusoé*, de Patrick Chamoiseau (publicado em francês em 2012 e traduzido para o inglês em 2022), o autor escreve o seguinte trecho na voz de "Crusoé":

> O mistério de minha origem me torturara por um bom tempo, mas o tormento de minha sobrevivência rapidamente tomou a dianteira; [...] nessa lacuna que me serviu de memória, algo ainda me incomodava [...] não eram os detalhes que cercam minha origem, nem sua própria verdade; eu sentia que se relacionava a algo insuportável, a uma dor imensa [...] dentro de mim, indecifravelmente inscrito; suportei o sofrimento sem saber o que poderia ser, especialmente porque insistia em tentar convencer-me de que a origem não importava.[106]

O Crusoé de Chamoiseau, diferente de outras reescritas literárias, é inseguro quanto a sua "identidade" ou origem. Ele só chega ao nome Crusoé lendo a costura em um pedaço de tecido que encontra enrolado em seu corpo quando é arremessado à praia em um naufrágio. Ele se apega à evidência do naufrágio, e sua imaginação fornece o resto. Mas o olhar desse Crusoé vem de uma outra cosmologia — uma cosmologia interceptada pelo colonialismo, ou inibida de ter seu próprio futuro. Nessa grande investigação, *L'Empreinte à*

Crusoé conduz seu protagonista em uma busca filosófica do ser — e, de forma significativa, ser *"em relação"*. A tese crucial do livro é que o Crusoé de Chamoiseau deve observar o mundo em relação.

> Passei a habitar meu nome, Robinson Crusoé, para cavar um lugar para mim; os objetos recuperados da fragata nutriam minha imaginação com uma perspectiva ocidental [...] muitas coisas estranhas aparentemente oriundas de meu eu interior somavam-se a isto — ... a chegada de um chacal que perturba os deuses... lagartos pretos e brancos que tecem peças de tecido... gêmeos em uma cabaça de milho... braceletes de sacerdotes tilintando nas têmporas de uma máscara com chifres... —, mas eram tão incompatíveis com minhas outras evocações que as atribuí a memórias residuais de um outro marujo orgulhoso que supostamente conheci; em verdade, reconstruir a imaginação com esses objetos atrelados em minha memória obscura conduziu-me apenas ao caos: qualquer possibilidade de desmistificar minhas origens desaparecia então.[107]

Aqui nós lemos duplicidades e delírios, a apreensão da conexão e da desconexão; aqui nós podemos discernir origens pré-capitalistas, o aparato sensorial do colonialismo obscurecido e sobrescrito pelos possíveis eus que surgem e desaparecem, mas ainda acenam na direção de um futuro diferente. Aqui Chamoiseau apresenta o pretexto para a colonização e a invenção da narrativa colonial como uma história transformada em lenda e então escrita e reescrita para tornar qualquer outra coisa irreconhecível. O Crusoé desse autor é uma figura muito mais complexa por causa de sua duplicidade, pois não sabemos bem de onde ele surgiu nem quem ele é realmente — embora os contornos do Crusoé de Defoe estejam sempre ali. Mas conjurar essa duplicidade permite que Chamoiseau trabalhe com as sinergias do pensamento colonial mesmo quando o próprio sistema impõe reconhecimento e assimilação: "Agora sei que o homem também é moldado por sua 'expressão', com a qual ele se apresenta [...] mas a 'expressão' não é algo que se compreenda (como toda literatura, suponho) — sua utilidade primeira é construir a autoridade daquele que lança mão dela".[108]

Esse Crusoé, em sua duplicidade, apresenta o aparato legitimador das leis coloniais em sua densa arbitrariedade. Conforme descreve a ideologia colonial, ele aponta para os seus absurdos, para as suas grandiosidades, para sua imaginação macabra e extravagante. Espelhando o romance original, a cena em que Crusoé expõe sua dominação, Chamoiseau ridiculariza esse regime e seu elaborado aparato:

> Eu disse a mim mesmo por milênios que o cetro da civilização foi transmitido de pessoas escolhidas para pessoas escolhidas, [...] e agora recaiu sobre mim — [...] ergui-me em um daqueles promontórios, as ondas do oceano batendo lá embaixo [...] e mantive o controle por meio de uma grande quantidade de proclamações, decretos, cartas-patentes e medidas policiais avançadas [...] o artigo sétimo do meu Código Marítimo proibiu que qualquer onda se mostrasse negra ou escura, [...] impus ordem às tempestades, [...] eu lidava com a captura de peixes-cofre, impedindo a entrada de peixes venenosos, movimentações de caranguejos, invasões de tartarugas, bens de naufrágios ou tesouros que as ondas tinham autorização de depositar sem tributações.[109]

Chamoiseau relaciona a acumulação de leis de domínio em um arranjo ridículo que ilustra o absurdo dessas leis e dos efeitos de suas imposições. Isso ressoa em nosso mundo atual, em que, por exemplo, leis marítimas privatizam os oceanos e as previsões climáticas são ignoradas.

> Minhas cabanas oficiais uma após a outra, a Delegacia de Polícia, a Alfândega, o Departamento de Pesos e Medidas, o Gabinete de Registros de Terras, o Gabinete de Litorais e Fronteiras, o Museu da Herança, o Departamento de Defesa, o Instituto de Ciências Naturais, a Escola de Cartografia [...] eram mais vazias que outra coisa, com uma banqueta, uma escrivaninha, uma vela, uma pena de pato, uma cabaça cheia de tinta de peixe, uma relíquia do registro [...]. Normalmente, sentava-me em cada um dos gabinetes, por turnos, conforme um procedimento sazonal amplamente inalterado, e pensava sobre os assuntos do Estado, tomava decisões, proclamava decretos e ordens [...]. Eu também inspecionava o meu estoque, minhas cavernas secundárias, minhas fortalezas emergenciais, minhas muralhas e minhas torres de vigia.[110]

Chamoiseau segue delineando e espelhando a colonização original da ilha por Crusoé, mas agora como um modelo do aparato colonial europeu — e os modelos de governo que essas potências coloniais levaram para todos os cantos do mundo. Aqui nós temos a ordem imperial imaginada. É uma ordem que Crusoé precisa que exista; e fora dessa ordem existe apenas o que é considerado selvageria e terror. Nas mãos de Chamoiseau, é quase um quadro hilário — embora verdadeiro.

Sobre a descoberta da pegada por Crusoé e o espanto que o toma, Chamoiseau sugere que as pessoas temem "o outro como desejam o outro" — como alguém teme e ao mesmo tempo deseja seu oposto ou correspondente. No romance de Chamoiseau, Crusoé sai em busca do outro, o outro que ele teme — mas aqui o discurso se mostra ligeiramente a-histórico ou sugere um ser essencial que vai em direção a si mesmo.

Aqui Chamoiseau quer dizer que a pegada que assombra a literatura é um espectro do colonizado, uma ameaça em termos reais e imaginados; um espectro pairando acima de toda a empresa colonial e escravagista.

Por um lado, a relação de Crusoé com a ausência denota e é preenchida por eurofantasias da negritude e da indigeneidade. A visão da pegada evoca todo um catálogo de tipologias racistas, provenientes de muitos continentes e terras:

> Eu o vi entre seu povo em meio a cerimônias sombrias e misteriosas em que ele bebia líquidos tirados de pedras e lia profecias espalhadas pelas estrelas; eu o vi adorando penas e afirmando ser parte de uma família sáuria que vive perto de rios imperturbáveis [...]; ele deve ter levado os intestinos de seus parentes em uma grande urna funerária em forma de concha, o que lhe permitia falar com qualquer mal que estivesse no céu; ele deve ter assado milho vermelho quando suas esposas deram à luz ou ordenado que chovesse punhados de pólen.[111]

O enfático "eu o vi..." aqui é a marca insistente da codificação — a codificação da "imaginação brutal", para usar a expressão do poeta Cornelius Eady.

Ao mesmo tempo, a visão da pegada causa uma crise existencial no Crusoé de Chamoiseau, uma crise que o leva a considerar o que é ser humano. No texto de Chamoiseau, havia uma *terra nullius*, ou um mundo edênico, antes do colonialismo; mas o texto como um todo não deixa de tratar da reabilitação do europeu à luz do colonialismo. Seu objetivo não pode ser outro senão uma lição aos europeus — uma resposta ao sentimento europeu que, no entanto, não o ultrapassa. Há um olhar de soslaio aqui; em outras palavras, o "eu" referido no texto de Chamoiseau não pode ser o eu escravizado ou colonizado. O ponto de vista está sempre voltado para o europeu, para os seus dilemas e conceitos particulares. A parábola é a parábola da euroconsciência. Apesar do que sabemos do Crusoé de Chamoiseau, sobretudo sua origem, no fim essa origem também se vincula ao império europeu; é posta a serviço da reabilitação europeia. Mesmo a surpreendente virada do autor, que poderia ter sido mais impactante se direcionada a um outro "nós", permanece como uma casca vazia a ser preenchida com ideais do despertar da humanidade europeia.

Essa figura de Crusoé experimenta uma quebra com o homem produzido pelo império e retorna a um estado de natureza, um estado de percepção aberta. Mas devemos perguntar: por que usar o retorno a um "estado de natureza" em busca de redenção para essa personagem? Me parece que esse Crusoé é designado para a redenção a fim de revigorar uma filosofia humanista que, sabemos, é atravessada por estados de escravidão. Esse é um gênero bem conhecido, uma estratégia colonial bem conhecida — que mantém no centro a humanidade branca, na qual o outro existe como um pano de fundo para a vida branca ou para a educação da vida branca. Por que Chamoiseau precisou tornar a olhar para essa figura de Crusoé em particular? Não é como se tornar a olhar Crusoé pudesse redimir a personagem. E mais importante: por que reabilitar essa figura? Por que essa figura é apresentada como aquela através da qual nós devemos pensar as ideias e urgências das épocas — o eu, o humano, o justo?

Chamoiseau apresenta Crusoé como uma figura que vivencia um tipo de separação do eu, ou reconhecimento do ser como um eu e um outro. Ele descobre seu próprio medo, encontra sua própria pegada. E se a pegada pertence ao próprio Crusoé, o conto de Robinson Crusoé é uma história sobre reconhecimentos e também de fantasias — e sem dúvida se trata de uma fantasia, em suas considerações a respeito dos povos indígenas das Américas e dos povos do continente africano. Essa transição, essa suspensão quase eufórica no romance, permite que o Crusoé de Chamoiseau se entenda como alguém que vive na relação proposta por Glissant, e não na dominação. Ele vive na heterogeneidade, como propõe Wilson Harris. Nós lemos: "Eu estava livre porque fui libertado de tudo aquilo; eu não mais desejava possuir ou consumir tudo; não mais temia a fome ou a escassez".[112]

O diário ou relato de Crusoé já não é mais um relatório fiduciário sobre experiências econômicas, mas uma revelação do viver em relação. Não mais expressa a prosa do capitalismo, mas a poesia da relação. Como parte do processo, Crusoé desvaloriza tudo o que ele valorizou, devolvendo a ilha ao seu estado original, desmontando suas cercas e canos de irrigação, livrando-a da imposição de suas economias colonialistas. A pegada se apresenta como uma assombração em grande parte da obra: indestrutível, onipresente. Quando Crusoé não está olhando para a pegada, ele está pensando na pegada. A inferência é que é impossível erradicar todos os traços do outro.

Ainda assim, não consigo imaginar por que devemos visitar essas ideias através dessa personagem. É claro, o autor compreende a grande influência que o texto exerce na imaginação literária, e sua remodelagem chama a atenção para suas falhas, mas sua fé nas possibilidades de redenção de uma personagem desse tipo, sua crença de que a transformação da figura seria interessante ou possível, extrapolam a fé de uma leitora como eu. Para essa leitora, uma figura como Crusoé não é digna de recuperação. Além do mais, a eventual guinada da narrativa em direção aos clássicos e à poesia de Parmênides não é frutífera. Um retorno aos "antigos" não mitiga os danos do colonialismo — os clássicos alimentaram o colonialismo e a escravidão. E a tese central de Chamoiseau, que apresenta Crusoé "em relação", omite os gestos contínuos de controle e conquista, e é uma espécie de fantasia presunçosa. Como alguém pode viver em relação quando está diante da conquista e da aniquilação? Qual é o destino de "Sexta-Feira" nisso tudo? A pegada aparece como algo existencial e desvinculada de uma série de relações; a pegada é abstraída de sua relação.

No fim, temos uma surpresa para a qual a leitora está pouco preparada (embora haja indícios ao longo do texto): o Crusoé que encontramos nessa obra é um dogon em delírio que pensa ser Crusoé após sofrer um naufrágio e encontrar o nome junto ao corpo. Isso é de diversas formas revelador.

Descobrir que estivemos habitados pela colonialidade não é incomum. Descobrir que, segundo o capitão, aquele homem não é "Crusoé, o inglês", mas Crusoé, um dogon, cria um sentido maravilhoso para nós: sabemos como habitar a branquitude — nós, que conhecemos os desejos e os prêmios por habitar a branquitude —, aprendendo as linguagens, a fala, as filosofias da branquitude; somos permeáveis à branquitude, e isso começa aqui, nesse período de conquista e pacificação do mundo em direção a esses regimes da colonialidade. A época em que o romance está inserido é um período em que todos os outros conhecimentos são subordinados, coagidos e subjugados pelos projetos coloniais de todas as potências europeias. Foi nesse momento que surgiram as companhias oficiais de abastecimento, expropriação e exploração: a britânica Real Companhia Africana, a holandesa Companhia das Índias Ocidentais, a Companhia Dinamarquesa das Índias Ocidentais, a Companhia Francesa das Índias Orientais, a também francesa Companhia das Ilhas Americanas, o espanhol Conselho Real e Supremo das Índias, desde Lançarote de Lagos até as bulas papais de Nicolau v, até as portuguesas capitanias hereditárias. É quando o Império Britânico ganha sua reputação.

É risível ler, em nosso momento contemporâneo, estudos realizados para, por exemplo, descobrir se a Coroa britânica ou o Estado papal se beneficiaram da escravidão ou se qualquer nação europeia se beneficiou da escravidão e das economias de plantation, para não mencionar as universidades e o que agora poderia ser considerado herança de fortunas acumuladas ao longo de gerações. Esse "dinheiro antigo" era então o dinheiro novo, no período da escravocracia e da conquista. (Anna Julia Cooper escreve, em *A Voice From The South*: "E então, o Sul também representava o sangue — não sangue vermelho, mas sangue azul. A diferença está na extensão do fluxo e na distância da fonte. Se o seu pai foi um pirata, um ladrão, um assassino, as mãos dele seriam tingidas de sangue vermelho, e você não teria muito a dizer sobre isso. Mas se o avô do seu tataravô roubou, pilhou e matou, e você pode provar isso, seu sangue se tornou azul e você faz questão de estabelecer essa relação".)[113] Como Baby Suggs, a personagem de Toni Morrison, diz em *Amada* quando Sethe sugere que poderiam mudar de casa: "Para quê? [...] Não tem uma casa no país que não esteja recheada até o teto com a tristeza de algum negro morto".[114] É de se querer dizer desses projetos de pesquisa desonestos: "Para quê? [...] Não tem uma nação no mundo ..."; ou, para citar Morrison mais uma vez:

> O evento preponderante e definidor do mundo moderno é o movimento em massa de populações racializadas, começando com a maior transferência forçada de pessoas da história da humanidade: a escravidão. As consequências dessa transferência determinaram todas as guerras que se seguiram, além das guerras atuais travadas em todos os continentes.[115]

Em suas notas ao fim do livro, Chamoiseau observa: "É triste: o Crusoé de Defoe era um escravagista".[116] Mas esta leitora pergunta: por que isso é triste? Só é triste quando você quer ler o conto como uma história universal, ou se deseja ler o humano como algo universal, e não como uma invenção da Europa pós-escravidão. É triste se você quer ler Defoe ou Crusoé como o homem universal. Não me entristece o fato de Crusoé ser um escravagista. Me entristece ter que ler Crusoé como o homem universal. Não guardo esperanças em relação a nenhum aspecto de Crusoé que eu pudesse apreciar se ele não fosse escravizador. Aqui eu ecoaria as palavras que o escritor Rinaldo Walcott me disse em uma conversa: "Sexta-Feira se torna uma 'coisa' com o contato europeu, e ele é inscrito no projeto humanista como bárbaro e passivo ao mesmo tempo, digno de resgate, mas não de liberdade".

A ilha onde Crusoé naufraga é sem dúvida um túnel do tempo, como Chamoiseau observa em suas notas finais, e os efeitos da narrativa de Defoe se estendem através do tempo. "O que importa", Chamoiseau escreve, "é a situação existencial em relação aos nossos desafios contemporâneos".

E, sim, *A vida e as aventuras de Robinson Crusoé* é um palimpsesto poderoso o bastante para desvincular a palavra "pegada" de outros significados na minha cabeça, mas as aventuras que o livro retrata não são belas. (Antes dessas aventuras de Crusoé, a pegada era uma brincadeira adorável da minha infância. Na praia em Guaya, era uma brincadeira com o que nós chamávamos de mar, que era o oceano Atlântico. A brincadeira consistia em ter nossas pegadas apagadas pelo mar. Corríamos em direção à maré que recuava, deixávamos as pegadas na areia e fugíamos quando a maré voltava para reivindicá-las.) Mas não há nenhum significado em particular, e muito menos beleza, em reescrever esses romances dos séculos XVIII e XIX; eles não têm nada a oferecer além do aprofundamento do domínio exercido sobre nós, o domínio do mundo colonial.

Essas reescritas me fizeram lembrar de artistas visuais da contemporaneidade que recriam a arte daquelas épocas, substituindo corpos brancos por corpos negros — artistas como Kehinde Wiley, que pintou *Rumors of War*. A meu ver, esses retratos não criam nenhuma disrupção nas narrativas das pinturas além de uma surpresa imediata e breve. Um outro registro no qual podemos ler essas obras é o da paródia, e talvez essa seja a interpretação mais profunda e generosa possível. E pode até ser suficiente. Mas o corpus da pintura heroica e triunfalista branca se sobrepõe e seduz os retratos renovados — e reverbera da pintura europeia não como paródia, mas como inveja e admiração; como desejo.

Quando comecei a escrever estas palavras, eu havia pensado em relacionar Chamoiseau a Wilson Harris. Mas agora vejo que estava enganada. *Palácio do pavão*, de Harris, é uma narrativa que não demanda um endurecimento para suportar ou ocultar a violência de uma presença ausente. Para mim, é um romance original em relação ao tema e ao método, praticando o que Édouard Glissant chama de "opacidade". O evento é o evento colonial, mas todos os elementos, todas as personagens, estão presentes e em fluxo.

Em *Palácio do pavão*, o "eu" narrador — que é singular, dual e múltiplo — escreve:

> Busquei as palavras com uma fúria terrível e repentina diante da dificuldade que experimentei... "É uma inapreensão da substância", desabafei, "um medo real... medo da vida... medo da substância da vida, medo da substância das pessoas, um medo cego e canibal em si mesmo. Tanto faz", eu gritei, "é um medo de reconhecer a verdadeira substância da vida. [...]

E alguém", declarei, "alguém deve demonstrar e *expor* a unidade do ser...". Fiquei mais violento e empático... "Esse medo não é nada mais que um sonho e uma aparição... e mesmo a morte...". Parei abruptamente.[117]

A história narra uma jornada pelas florestas da Guiana, com todos os atores pré e pós-colombianos. Dentro da estrutura do romance, nunca ficamos totalmente conscientes do propósito da jornada ou de seu resultado. É um acerto de contas com a colonialidade. E uma vez que a colonialidade busca ordenar seus objetos humanos de determinadas formas, inclusive pela narrativa e pelo estilo narrativo, o romance de Harris recusa essa narrativa e esse estilo narrativo. Ele opta por uma narrativa mais complexa, verdadeiramente simultânea e resistente à identificação com o protagonista. Ele usa lentes multifocais, com pontos de vista múltiplos e cambiantes — como se tentasse fazer a leitora ver e ouvir todo mundo ao mesmo tempo, ler tudo ao mesmo tempo. Kenneth Ramchand observa que Harris desgostava do "romance de persuasão" e sentia que "uma vez que o 'meio' foi condicionado por usos prévios e moldado por ideologias dominantes, é preciso atacar o meio, incluindo não apenas a forma do romance, mas também as premissas de linguagem inscritas no romance".[118]

Em *Caribbean Discourse*, Glissant escreve sobre a importância da forma quando pensamos sobre os fantasmas do colonialismo, fantasmas que reverberam no presente e no futuro. Para ele, a narrativa "implode em massa dentro de nós", e somos "transportados para campos de esquecimento, onde devemos, com dor e dificuldade, tornar a reunir tudo".[119] Em

Palácio do pavão, Harris consegue fragmentar essa figura europeia e posicioná-la em uma relação na qual sua própria recuperação estava em jogo, implicada ou em perigo, mas nosso envolvimento com a figura não é necessário. Harris aponta outras origens para sua narrativa e se atém a elas. Seu projeto, me parece, é criar um novo ser humano a partir dos destroços do discurso iluminista e de sua produção da negação.

Para mim, então, a questão em *L'Empreinte à Crusoé* (e conforme antecipado nas próprias notas de fim de Chamoiseau) é se qualquer recriação pode ser uma variação. Meu entendimento é que qualquer tentativa de variação pode ser uma reimposição, no caso desses textos. As variações continuam a fazer do texto original a origem de tudo.

As narrativas dos séculos XVII, XVIII e XIX nunca foram ingênuas, como Chamoiseau considera de forma tão complacente. Essas ficções eram cativantes precisamente porque falavam de sua época, estavam envolvidas em sua época e também no futuro que sua época predizia — não, autorizava. E eram populares como gênero justamente por operarem assim.

Crusoé, claro, não se transforma; ele faz do escravagista o Homem do Século. Ele volta para a Inglaterra, para a riqueza que acumulou e para sua vida — e ainda mais.

Nós podemos ler o desfecho de *L'Empreinte à Crusoé* — quando descobrimos que Crusoé é, na verdade, o dogon alucinado — como a loucura da colonialidade e seus efeitos, materiais e psicológicos, na consciência das pessoas negras. Esses são os efeitos de um regime por vezes tão abrangente em sua subjugação que chega a criar, nas mentes/consciências das pessoas oprimidas, um simulacro próprio. O fato de Chamoiseau revelar "Crusoé" como um dogon vincula o tráfico com as elites e forças dominantes do continente e a sua conivência. Mas isso acontece em um nível superficial. Em outro nível, Chamoiseau aponta para a consciência dominante da época, e essa consciência dominante é a supremacia branca. E o fato de que o marinheiro dogon se lembre dele mesmo como um homem branco, como Crusoé, em sua consciência alterada, ou que talvez seja considerado "louco", dialoga com *Pele negra, máscaras brancas*, de Fanon, ou com a dupla consciência de Du Bois, localizando o imaginário como um imaginário branco e hostil a qualquer outro.

Uma das formas pelas quais a negritude é posicionada na imaginação branca é na reabilitação da consciência branca que perpetuou a escravidão. Esse projeto de reabilitação tem sido atribuído por séculos a autorias negras. A consciência branca ocupou milhões de sentenças — com a personagem negra situando-se em torno dessa consciência de forma submissa, bajulando, tentando não ofender ou desafiando-a com o grau certo de deferência e, de variadas formas, cultivando essa consciência. Para mim, a consciência branca não precisa de reabilitação; o que necessita de centro é a consciência do dogon, ocultada, ultrapassada, obstruída no Crusoé de Chamoiseau. Ele acena fortemente para essa consciência, que, no fim, se torna uma sombra diante do Iluminismo europeu e de seu racismo obscuro.

Será que a consciência branca e seus projetos coloniais dominaram tanto assim o presente? Por que essa consciência precisa ser abordada, e não eliminada? Por que devemos nos vincular a sua reabilitação e evolução (como nas transcrições de um texto grego pelo narrador de Chamoiseau)? Eu sempre achei essa "amarra", esse "dever" implícito, sufocante, e julgo essas narrativas restritivas, veladas, asfixiantes. E basicamente inúteis, uma vez que tantas produções literárias já se dedicaram a esse dever sem apresentar nenhuma melhoria.

VI. estes parágrafos falam de um corpo

A PROPOSIÇÃO DE QUE SEXTA-FEIRA (agora dono de dois ou mais corpos — negro e garifuna/caraíba/aruaque) resista à interpretação pode fascinar algumas pessoas, mas não fascina esta leitora. Mesmo a proposição de que Sexta-Feira é Crusoé e Crusoé é Sexta-Feira — espelhos, *doppelgängers*, o outro —, mesmo isso é um argumento insuportável e desnecessariamente distorcido para esta leitora. Sexta-Feira figura em todos os textos como aquele que é significado, indelével e, de forma perversa, ilegível, e nenhum jogo com esse tropo pode romper ou remodelar essa condição, pois estamos diante de um signo. Trata-se de uma interpretação liberal do mundo, uma interpretação que, mantendo o tropo vivo, expõe reflexivamente a "própria" resistência do liberalismo ao entendimento. Essa interpretação aponta para a própria reabilitação do liberalismo — uma reabilitação alocada em seu núcleo cristão. Sexta-Feira é o exterior constitutivo contra o qual o sujeito se forma. A figura de Sexta-Feira não guarda nenhuma relação com aquilo que nos é conhecido, exceto pelo fato de ser uma figura que aparece como uma interrupção, como uma exaustão diante de uma questão desinteressante e igualmente violenta. Trata-se de uma questão que nos convida a considerá-la benigna, embora a rigor seja profundamente ameaçadora. O silêncio de Sexta-Feira é silêncio — é e sempre será silêncio na cosmologia da interpretação liberal. A figura apresentada como figura é sempre figura. É impossível jogar Sexta-Feira em qualquer texto e antecipar qualquer tipo de transformação. A função de Sexta-Feira é ser um signo imutável, um ponto fixo na equação do liberalismo. Qualquer re-narrativa se prende na viscosidade da narrativa/interpretação original.

Mas há um outro arquivo que podemos explorar, um arquivo da vida intelectual e da atividade humana que de alguma forma aborda contemporaneamente questões de humanismo e silêncio. Durante os últimos trezentos e poucos anos, outras narrativas estiveram disponíveis para a imaginação — em não ficções como *The Letters of the Late Ignatius Sancho* (escritas entre 1768 e 1780), ou *Thoughts and Sentiments on the Evil and Wicked Traffic of the Slavery and Commerce of the Human Species*, de Quobna Ottobah Cugoano (publicados em 1787). Claramente houve um conflito mais vigoroso de ideias sobre o "humano" do que aqueles que encontramos em Behn ou Defoe. O que encontramos em suas ficções são os resultados, as resoluções do conflito — as ideias que prevaleceram pela força do Estado e do comércio, e que trilharam seu caminho através da síntese até a mais alta forma de significação: a produção literária ficcional.

Enquanto isso, em seus textos não ficcionais, Sancho e Cugoano delineavam tanto o benefício econômico quanto a falha ética que produziram a condição da escravidão. Ignatius Sancho escreveu uma carta para Laurence Sterne, autor de *A vida e as opiniões do cavalheiro Tristram Shandy*. Nela, parabeniza Sterne e a escritora Sarah Scott por encontrarem-se entre as poucas pessoas que deram atenção aos horrores desumanos da escravidão. Na carta, lemos:

AO SR. STERNE. JULHO, 1776. REVERENDÍSSIMO SENHOR,

"Considere a escravidão — o que é a escravidão e como é amarga — e quantos milhões são obrigados a beber dela!" — Entre todos os meus autores mais estimados, nenhum derramou uma lágrima sequer em favor dos meus miseráveis irmãos negros — a não ser o senhor e a bondosa autora de *Sir George Ellison*. — Queira perdoar-me — Estou certo de que o senhor aplaudirá minha iniciativa de procurá-lo para pedir que dedique alguma atenção à escravidão praticada hoje em nossas Índias Ocidentais. — Esse assunto, abordado ao seu modo impressionante, aliviaria o jugo (creio) de muitos — e se apenas um salvar-se — meu bom Deus! — que banquete seria para um coração benevolente! — e, disso estou certo, o senhor é um epicurista em atos de caridade. — O senhor, que é lido e admirado universalmente — o senhor não pode falhar. — Caro senhor, rogo que veja em mim as mãos erguidas de milhares de mouros meus irmãos. — A dor (observamos piedosamente) é eloquente — imagine-os, caro senhor — ouça seus apelos suplicantes! — Ai de mim! — o senhor não pode recusar. — A humanidade deve ceder — com essa esperança, peço licença para subscrever-me,

Reverendo senhor etc.

IGN. SANCHO[120]

No decorrer dos séculos XVII e XVIII, Londres tinha uma população negra próspera, e em 1772, quando Quobna Ottobah Cugoano lá chegou, as pessoas negras somavam dois por cento da população. Muitas que haviam sido raptadas em várias colônias e levadas para a Inglaterra escaparam de seus sequestradores usando o pressuposto de que a escravidão não possuía uma "base legal" na Inglaterra. Cugoano era uma dessas pessoas, e escapou da escravidão quando foi levado de Granada para Londres pelo homem que dizia ser seu proprietário. Então Cugoano se tornou abolicionista, e o título de seu tratado deixa claro (se ainda mantemos as dúvidas que a propaganda posterior produziu) o que ele tinha por certo: considerava a escravidão uma prática criminosa e julgava suas justificativas egoístas e ultrajantes.

> Contudo, seria desnecessário compor um histórico de todos os tratamentos ultrajantes aos quais os Africanos Negros são sujeitados, a fim de desvelar todos os excessos maléficos e perversos do tráfico insidioso, e tudo isso se revela facilmente por toda parte, diante de todos os olhares, como algo total e completamente contrário a qualquer ideia de justiça, igualdade, razão e humanidade. O que pretendo contrapor a esse criminoso e maligno tráfico de homens escravizados são apenas alguns Pensamentos e Sentimentos que me ocorrem, evidenciados nas Escrituras da Verdade Divina, ou argumentos sobretudo delas deduzidos, junto de tais observações que pude reunir. Algumas dessas observações podem conduzir a um maior escopo de consideração além do Tráfico de Africanos Escravizados; contudo, sejam quais forem as causas que lhe dão origem e produzem a escravidão, os efeitos maléficos produzidos pela escravidão devem mostrar que sua origem e sua fonte possuem uma natureza perversa e criminosa [...].
>
> Entretanto, é deveras desalentador para um homem de minha compleição aventurar-se em tal empreitada e encontrar as difamações maléficas de alguns homens que dizem: "O Africano não é dotado de nenhum grau competente de conhecimento

nem capaz de assimilar qualquer sentimento de probidade; e essa natureza fadou-o a um vínculo inferior, atrelado às correntes e apto tão somente a ser um escravo". Mas quando encontro homens que lidam com a espécie humana sem nenhum escrúpulo, tal qual as bestas da terra, não devo julgá-los apenas brutos, mas perversos e ultrajantes; devo julgar suas difamações como insidiosas e falsas. E, se tais homens podem jactar-se de possuir maiores graus de conhecimento do que qualquer Africano, devo deixá-los gozar de todas as vantagens disso sem inveja, pois temo que isso consista apenas em maior parcela de infidelidade, e esta de caráter mais sombrio que a mera escuridão da pele.[121]

E se as ficções foram ou pudessem ser imaginadas a partir desse arquivo? Acho que minha pergunta é: e se as ficções não fossem escritas a partir daqueles momentos quando, como Michel-Rolph Trouillot diz, o silêncio adentra os arquivos das máquinas que produzem histórias? Ou, melhor, quando consideramos as ficções, por que reproduzir aquelas relações de poder despercebidas — engajando-se, dessa forma, com noções do humano que já eram desafiadas, noções que já estavam sendo desfeitas? Como podemos escrever ficções que sejam investigações e elaborações das dinâmicas dos argumentos *de seu tempo* — obras que admitem em sua órbita imaginativa a existência e a poderosa influência de abolicionistas ex-escravizados como Cugoano e Sancho? E se seus textos e relatos de encontros tivessem uma importância de forma a produzir um outro tipo de enredo e uma rejeição do sujeito nomeado humano?

VII. este parágrafo fala de um cavalo

> Como [Edmund] continuava sendo proprietário da égua, nominalmente e de fato, a sra. Norris admitia que a sobrinha a montasse; e, se refletisse sobre a própria objeção, lady Bertram decerto o perdoaria por não esperar a volta do pai, pois, em setembro, sir Thomas ainda estava no exterior e não sabia quando haveria de retornar. Justamente quando começou a pensar nisso, surgiram circunstâncias desfavoráveis, e, em face da grande incerteza que pairava sobre os negócios, ele resolveu mandar o primogênito para casa e aguardar sozinho o desfecho da crise. Tom chegou a Mansfield Park são e salvo e com excelentes notícias sobre a saúde do pai; o que para a sra. Norris pouca serventia teve.[122]

Esse parágrafo de *Mansfield Park*, de Jane Austen, fala de um cavalo — especificamente, do pecadilho de conseguir uma montaria para Fanny Price sem o consentimento do senhor da casa, sir Thomas. Mas vejam o que se segue, que parece ser o único e pequeno impedimento para a obtenção desse "cavalo": "[Ele] escreveu em abril e tinha muita esperança de resolver tudo satisfatoriamente e deixar Antígua antes que o verão chegasse ao fim". Vejam a carga que esse cavalo leva — uma carga que, entretanto, não devemos ignorar, pois nos preocupamos com a possibilidade de Fanny ter uma montaria, com a gentileza de Edmund Bertram, com a maldade da sra. Norris, com a distração de lady Bertram, com a chegada em segurança de Tom. Sir Thomas está em Antígua cuidando de assuntos urgentes ainda não revelados — mas lemos sobre o "cavalo" de Fanny.

Se você for uma leitora como eu, se pergunta sobre as "circunstâncias desfavoráveis" e sobre a "enorme incerteza". Se você for uma leitora como eu, os "arranjos finais" chamam sua atenção, assim como o modo liberalista com que o cavalo é obrigado a levar essa carga. Se você for uma leitora como eu, os cerca de cinco capítulos que narram as pessoas jovens de Mansfield Park encenando uma peça não têm absolutamente nenhum interesse, e o quebra-cabeças de quem ama quem nunca supera nem satisfaz a lacuna de "Antígua". Se você for uma leitora como eu, pode não ter notado essa menção a Antígua até ter avançado bastante na leitura, embora a extensão e o tédio da obra possam tê-la deixado zonza — principalmente ali, na universidade. E o prazer que você compreendia como a resposta "normal", você também fingiu que o sentia — bom, você chegou até a *experimentar* esse prazer, pois era isso o que se esperava. Da parte dessa leitora, havia uma estranha condescendência na falsa apreciação desses trechos tediosos. Quando alguém queria dizer *Quem se importa com toda essa futilidade?*, essa pessoa dizia *Nossa, excelente!* Quando a professora apontava um trocadilho ou domínio linguístico como evidência da profundidade da obra, a pessoa dava razão só para seguir o protocolo.

Em *Mansfield Park*, notamos a erudição imerecida das personagens jovens; é possível notar que as pessoas jovens nos seus vinte anos soam como se tivessem quarenta. Notamos igualmente o excesso de diálogos. Mas essa também é uma herança da literatura do século XIX, uma herança que faz docentes e editoras dos séculos XX e XXI exigirem que autoras e autores escrevam diálogos, julgando que falta algo em um livro que não contenha diálogos.

Podemos notar que cada menção ao retorno de sir Thomas Bertram, que está fora, em Antígua, contém algo de medo — e nos perguntamos se isso era o inconsciente falando. "Novembro era o mês fatídico de seu retorno", ficamos sabendo e, um pouco mais adiante, encontramos as personagens "lamentando essa chegada imprevista e prematura como se fosse o mais funesto dos acontecimentos e impiedosamente desejando que o pobre sir Thomas tivesse demorado o dobro do tempo na viagem ou ainda estivesse em Antigua".[123]

As referências casuais a Antígua na primeira metade do romance são por vezes feitas com uma ou duas palavras que denotam urgência.

> Sir Thomas decidiu ir cuidar pessoalmente de seus negócios em Antígua e levou junto o primogênito, esperando assim afastá-lo de más companhias. Calculava que passariam um ano fora.
>
> Os negócios em Antígua haviam prosperado rapidamente, e ele desembarcara em Liverpool, tendo realizado sua travessia num navio particular, em vez de aguardar o paquete [...].[124]

Essa iminência não iminente, essa coisa acontecendo nos bastidores, não vista, é o que atrai a atenção desta leitora. Pois é algo que tem a ver com a riqueza acumulada em Mansfield Park, "o ponto de vista financeiro" que Antígua lança sobre os oito quilômetros de seus arredores e em sua mansão moderna. Essa riqueza, o conforto, o bom gosto e o bem-estar são as gratificações de Antígua e dos negócios em Antígua. Como Edward Said escreve em *Cultura e imperialismo*:

> Os Bertram não seriam possíveis sem o tráfico de escravos, o açúcar e a classe dos fazendeiros coloniais; como tipo social, sir Thomas devia ser familiar aos leitores do século XVIII e começo do século XIX, que conheciam a grande influência dessa classe por meio da política, de peças teatrais (como *The West Indian*, de Cumberland).[125]

Como Gikandi escreve: "Sugiro que as instituições de alta cultura na Inglaterra do século XVIII foram possibilitadas pelo dinheiro oriundo das plantações nas Índias Ocidentais".[126] Mesmo nos últimos capítulos, preenchidos com a vergonha e o escândalo familiar da filha casada que foge com um libertino, é a riqueza que sobressai. E embora a reputação e o "amor" possam ser perdidos, os recursos materiais da escravidão sustentam as decepções e podem, no caso de Susan e Fanny, trazer esperança e alívio.

Igualmente desinteressantes para esta leitora são os quatro ou cinco capítulos enfadonhos sobre o baile de Fanny — até chegarmos a sir Thomas. Ele volta para interromper a encenação da peça e aprova o baile de apresentação, descrevendo os bailes de Antígua — ou pelo menos a narradora diz que ele descreve, mas nenhum detalhe nos é informado.

Quando a filha — a "adúltera" Maria, que traz vergonha para a família — vai morar com a tia, a sra. Norris, em "um lugar distante e isolado", uma leitora como eu se pergunta se esse lugar poderia ser Antígua. Mas Antígua não é um país. Para parafrasear John Stuart Mill, conforme citado em Said — ou, melhor ainda, me referir a "Antígua" nos termos que George Lamming usou para descrever o território do Caribe —, Antígua é antes "o lugar [...] conveniente para efetuar a produção".[127]

O peso da ganância e do pensamento imoral é suportado pela srta. Crawford, que estava de olho em Edmund, o virtuoso segundo filho de sir Thomas. Mas, para esta leitora aqui, ela é a personagem mais honesta em suas conversas e cartas sobre as implicações do mundo do romance. A srta. Crawford se casará com Edmund se ele receber sua herança e se puder ser persuadido a ver o mundo de forma mais pragmática, como ela. Mary Crawford é uma perfeição encarnada — com uma fachada de charme, dinheiro, desejabilidade e fala astuta. *Mansfield Park* é considerado um romance sobre moral, retidão e boa conduta. Mas esta leitora percebe que qualquer personagem que relembre honestamente ao romance o mundo em que ele se passa é dispensada e acusada de não ter virtudes.

Said diz: "Minha tese é que, justamente por meio dessa estranha combinação entre ênfase e tom casual, Austen mostra estar *assumindo* (exatamente como Fanny assume, nos dois sentidos do termo) a importância de um império para a situação doméstica".[128] Eu concordo, e meu argumento é que a casualidade é de fato casual, não intencional, mas reflexiva — tão casual quanto o nível de conhecimento, a condição da vida. Não é nada mais que a prova de uma relação, em sua casualidade. Mas me detenho no pensamento de que *Mansfield Park* seja um romance de uma "complexidade intelectual estética".[129] Nós vinculamos essas atribuições às obras muitos anos depois de sua criação por meio de processos imperiais tão longos e insistentes que fazem com que elas cheguem até nós como objetos de valor estético. E mais ainda, há processos sociais que atribuem valor estético a objetos visuais e textuais, processos relacionados aos sistemas de governo. Como uma bolsa com logos da Gucci pode ser bonita? Na verdade, não é. É apenas a Gucci. Como uma bolsa com logos da Louis Vuitton pode ser bonita e desejável? É repetitiva e comum; sinaliza riqueza, não beleza. Sua estampa sinaliza classe, poder aquisitivo, desejo, extração e similaridade. Um saco de papel é mais bonito.

Mansfield Park é um romance longo e sem energia — e eu sei o que aquela quantidade de páginas significou na economia das editoras da época e também no projeto de criação da burguesia contido nas economias da leitura da época. As pessoas não podiam rolar a tela sem parar naqueles tempos, mas essas economias tinham sua própria futilidade. Tinham suas próprias formas de desperdício de tempo, como fazemos no presente — ou melhor, a mesma sedução e domínio exercidos pelo capital. Apenas começavam a emergir, à época, a ambição metropolitana, a ganância por "coisas" e a sublimação ou ofuscação de qualquer coisa que fornecesse o caminho para adquirir essas coisas.

Mansfield Park foi publicado cento e vinte e seis anos depois de *Oroonoko* de Aphra Behn, noventa e cinco anos depois de *A vida e as aventuras de Robinson Crusoé* de Daniel Defoe. Através desses romances, é impossível não observar a genealogia e a longevidade da estética imperialista europeia. Ainda assim, esses textos insistem em ter nossa atenção, nossa fidelidade. São reproduzidos sem parar na televisão e no cinema; são reproduzidos por autoras e autores modernos de todos os gêneros, reforçando a estética desse sistema de ideias.

Para leitoras como nós — as duas mulheres fotografadas diante da biblioteca anos atrás, aquela de minissaia com os livros na mão, a outra de jaqueta jeans e calça boca de sino com a bolsa verde —, esse parágrafo não fala de forma alguma sobre um cavalo. Leitoras como nós leem o mundo do parágrafo, seus desejos, suas decisões, suas suposições, sua relação, suas perpendicularidades.

Essa estética é aquilo que leitoras como nós, atentas ao aparato sensorial da catástrofe produzida pelo mundo do qual esses romances emanaram, reconhecem como o problema. Eu não estou interessada na moralidade de nenhuma escritora ou escritor em específico; estou interessada na construção de seus parágrafos, na informação que eles contêm e comunicam. Eu quero ver o que a escrita importa dos sistemas no qual quem escreve (e a obra) está imersa — as relações sociais e as aspirações políticas que originam a escrita, quem escreve e a obra.

Uma autobiografia da interrupção, mas muito mais que isso

I. SOM

Tão insidiosa quanto a Inglaterra foi em minha infância, assim também foram os Estados Unidos. Embora ninguém que nós — as crianças naquela primeira fotografia — conhecíamos tivesse ido para lá ainda, os Estados Unidos estavam invadindo ou já haviam invadido. Tratava-se, aparentemente, de um imperialismo menos ascético, com uma estética menos estrita; uma estética que de fato sugeria alguma licença, alguma liberdade de expressão, uma suavidade, uma simplicidade — esses eram os seus contornos. Os Estados Unidos, ou a América, como costumavam ser chamados, apresentaram uma contestação da impassibilidade britânica. E o que os Estados Unidos fizeram foi tomar a paisagem sonora. Se a Grã-Bretanha governava as escolas e as formalidades da vida, os Estados Unidos se infiltraram nos espaços menos restringidos por esses arranjos coloniais. Se o rádio da manhã só dava Grã-Bretanha — os despachos e notícias —, o rádio da tarde, principalmente aos domingos, só dava Estados Unidos. Conforme os barcos se tornavam aviões e a tecnologia se expandia e se diversificava, os Estados Unidos penetravam totalmente nossa cognição. Conforme o declínio de um império dava espaço para o próximo, os Estados Unidos cresciam em importância em nossas vidas. Nunca substituindo por completo a Inglaterra, tamanho era o poder cultural do

Império Britânico, mas rivalizando e preenchendo os espaços culturais e econômicos.

Alguém poderia dizer que os Estados Unidos chegaram como um antídoto para a Grã-Bretanha. Você não precisava quebrar a cabeça com seus grandes livros, com sua longa tradição literária, dominante e intransponível; você só precisava ouvir seu som. Esse som veio com seu próprio projeto imperial — e seu nível de prazer conferia ainda mais eficácia à sua influência. O som é um leitor mais visceral. O som penetra o corpo de forma aparentemente voluntária, casual. O som consiste em vibrações que viajam pelo ar. Seu trabalho é permear o ar, saturar o corpo. E a música, a música faz isso mais do que tudo. A música dá estrutura ao som. Memorizável e recuperável, a música pode reunir o tempo. Assim, o som de "Am I Losing You", "He'll Have to Go", "This World Is Not My Home", "Adios Amigo", "I Love You Because", de Jim Reeves, e assim por diante, era inerente às viagens enjoativas de carro indo e voltando de San Fernando para Guayaguayare, passando pela Usina Ste. Madeleine, por Princes Town, Indian Walk, New Grant, Tableland, Fonrose, Poole, Rio Claro, Mafeking, Ortoire, Mayaro, Grand Lagoon. (E por que eu me lembro voluntariamente de que ele morreu em um acidente de avião quando eu tinha onze anos, e o que isso tem a ver com o estilo de música dele?) "Who's Sorry Now?" e "Everybody's Somebody's Fool", de Connie Francis, estabeleceram o americanismo onipresente. O pensamento e a lembrança dessas músicas me enchem de uma profunda tristeza agora, o tipo de tristeza intensa que era sua marca registrada. E também uma leve repulsa, um espasmo diante de seus efeitos de longa duração. Essas músicas representam para mim a ideia de atenção emocional desperdiçada ou interrompida, a ideia de um tempo perdido ou perturbado. Como os livros britânicos que eu li, as músicas estadunidenses arrastavam os pensamentos das pessoas e mais uma vez insinuavam que a nossa existência não era digna de ser concebida. O som tem a qualidade da duração; mesmo que não imediatamente, uma música se faz presente e seus efeitos, me parece, podem ser totalmente reprisados: o dia em que você ouviu a música, onde você estava, os eventos do dia no qual o som se inseriu. Se você era uma criança, focada apenas nos eventos da vida das pessoas adultas da família, então a vida dessas pessoas, naquele dia, tal como você vê, foi atravessada pelo som. Por mais complicadas que essas vidas já são, divididas pelas exigências coloniais públicas e negociações privadas mais específicas, esse som, o som da América, então intervém/intervinha. A América substituía a Grã-Bretanha como a força imperialista no mundo. A América estava menos preocupada com as condutas cotidianas de seus sujeitos, atendo-se mais ao controle liberal de todos os recursos. Sua estética seria a mercantilização de tudo, a aquisição de tudo.

Minha avó, minhas tias, o taxista Dillon, o dono do mercadinho Lloyd, a professora, sra. Shand — todas essas pessoas amavam aquelas músicas. A menina e o menino da casa ao lado e o menino que morava do outro lado da rua amavam aquelas músicas, e saíamos correndo para a rua para brincar de amarelinha cantando "Adios Amigo" ou "Somebody's Fool" a plenos pulmões, ingerindo sua lonjura, sua sofisticação, sua branquitude, seu alheamento, sua América. A América tinha uma reputação de fora da lei. Seus filmes falavam de foras da lei ou de condutas inapropriadas e "se enterravam em nosso peito".[130] Seu discurso, ou pelo menos o som de seu discurso, era fora da lei para nós, inapropriado. Era um discurso arrastado. No som dos filmes, os atores e atrizes choramingavam, eram nasais, sua fala era arrastada e lenta. A personagem mais icônica era o fora da lei; e o fora da lei mais profunda e inegavelmente incorporado ao cinema ocidental era o pistoleiro. O virtuoso matador de "índios". Essa figura viajou cinco mil quilômetros até um quintal em San Fernando, Trinidad — chegando primeiro no rádio, depois nos quadrinhos, então na tela. O Cavaleiro Solitário. Tonto. A figura indígena dócil e ao mesmo tempo hostil conservou-se a mesma que encontramos nos romances britânicos que lemos, e nós, as crianças, éramos convidadas a encenar essa branquitude por um outro meio, com um outro elenco. A princípio não tínhamos uma televisão, mas espiávamos pela janela dos vizinhos. Quando ganhamos nossa própria TV, nos colamos visualmente à branquitude.

Esses fantasmas, visuais e auditivos, despertavam uma terrível inveja e identificação em nós, tão distantes e desejando algo que não fosse britânico, que não viesse da Inglaterra, que não pertencesse àquelas restrições coloniais. "The Christmas Song", de Bing Crosby, começa: "*Chestnuts roasting on an open fire*";* essa deve ter sido a mais insípida e prejudicial dessas músicas imperializantes. A letra, totalmente fútil, vai do branqueamento de uma paisagem específica do norte dos Estados Unidos até o obelisco de uma fantasia patriarcal capitalista. Imagine você sentada em sua sala com o chão brilhando, as cadeiras Morris, o armário de louças, a janela deixando o

---

* "Castanhas assando na lareira". (N. T.)

belo sol entrar, a porta da varanda aberta, os pássaros cantando, o cheiro de bolo preto* vindo da cozinha, o cheiro de presunto assado, a risada da sua tia, aquela que levou você para o estúdio do sr. Wong, sua risada sempre luminosa, a expectativa dos convidados, e então você ouve no rádio Bing Crosby cantando: *"Jack Frost nipping at your nose"*.** Você é tomada pela inveja, desejando estar em um ambiente onde poderia aproveitar melhor a estação e as festas de fim de ano. Você é lembrada do simulacro que é sua experiência de vida. Então você fala sobre como seria ir para aquele lugar; como deve ser ou seria estar lá. Sua experiência do mundo é latente. E então a sala de estar se transforma em uma sala de espera, em um aeroporto, em uma estação de trem, em um barco. O som amigável e ligeiramente lisonjeiro de Bing Crosby agrava o já problemático cristianismo que a temporada celebra. (Pelo menos você pode simpatizar com o mito de Cristo nascendo em condições difíceis, guardando alguma lembrança das condições gerais nas quais você vive.)

O exercício, como um todo, induzia à distração. Nós éramos afastadas de um possível eu que poderia ser reconhecível em nossas condições sociais e históricas, em nossas presenças físicas; descartamos esse eu e absorvemos as fantasias da branquitude e do capital. A gente se sente distraída, atendendo a esse novo regime de observâncias e lições. Esse regime aplicava uma certa pressão, movendo-se em certa velocidade. Era

---

* *Black cake* é uma receita caribenha tradicionalmente servida na época do Natal; consiste em um bolo escuro feito de ameixas e passas ou outras frutas secas curtidas no rum. (N. T.)

** "Jack Frost mordiscando o seu nariz". Jack Frost é uma figura mítica do folclore europeu e representa a personificação do frio. (N. T.)

uma outra preocupação, uma outra direção a tomar. Então, faz sentido observar sua chegada como som — como a força das partículas de ar vibrando umas contra as outras, movendo-se rapidamente, envolvendo a atmosfera.

E então, no domingo — ou no sábado? —, o agourento *The Hour of Decision*, de Billy Graham, tomava o ar. Essa temida hora incluía um cantor, George Beverly Shea, que cantava "I Go Along the Road Praising the Lord". E um outro, Cliff Barrows, que cantava "What a Friend We Have in Jesus". O som era bem assustador e ainda é — uma beligerância em coro, um bramido alto e insistente. Na época, para a minha avó e para a família, era uma outra forma de se vincular à retidão. Se a igreja anglicana em Harris Promenade havia aderido a um ascetismo por exigir roupas adequadas e um dízimo adequado, pelo menos o evangelismo de Graham podia bradar seus sermões na sala de estar.

As músicas que ouvíamos dominando as ondas aéreas fechavam o horizonte da imaginação e condenavam a paisagem. Se você ouvisse Jim Reeves cantando "This World Is Not my Home" desanimada no banco de trás do carro do sr. Dillon com suas irmãs e primas, um limão na mão para aliviar o enjoo, você entenderia a maldade desse som. Os campos que passavam pela janela do carro ficavam mais irrelevantes; os talos de cana eram substituídos por "aqui". E se é verdade essa terrível notícia de que *este mundo não é minha casa*, você se perguntava com tristeza: então onde é minha casa? Uma profunda alienação infectava você.

Certa vez escrevi em um poema:[131] "*We believed in nothing/ The black and white American movies buried themselves in our* *chests/ liquid glacial, acidic as love"*.* O som da América nos sepultava depois que o Império Britânico declinou um pouco em nossas vidas. Primeiro veio o rádio, depois vieram os filmes, elaborando o som em imagem.

A própria fala, as regras do inglês britânico padrão que iam contra o popular — a própria linguagem —, era profundamente contestada e policiada. Enraizada no cotidiano, mas também não autorizada, estava a música insurgente do *steel pan* e do calipso,** que travavam de seus próprios conflitos internos com a raça e a classe. E isso até mesmo quando o crescente anticolonialismo assumia todos os dias, mais e mais, um nacionalismo negro. Essas expressões culturais acabariam por romper com o som da América — romper e superar, felizmente. Foi necessário o volumoso, original e orquestral som da "panela" — um som intenso e comunal que ressoa da classe trabalhadora — para superar o som americano. Na verdade, seria necessária a invenção de um novo instrumento — o *steel pan*, o único instrumento de percussão inventado no século XX — para intervir, para retomar o interrompido, para contestar o imperialismo, para resistir àquele som "americano". Em seu livro *The Illustrated Story of Pan*, o teórico musical Kim Johnson escreve: "O princípio operacional da música que os africanos trouxeram para o Novo Mundo é ajudar as pessoas a sobreviver".[132] Esse é o som, o imperativo, do *steel pan*.

---

* Em tradução livre: "Em nada se podia acreditar/ Os filmes americanos em preto e branco se enterravam em nosso peito/ líquidos glaciais, ácidos como o amor". (N. T.)

** *Steel pan*, literalmente "panela de aço": nome dado a um tambor de aço usado no calipso, estilo musical oriundo de Trinidad e Tobago. (N. T.)

Em *Minty Alley*, de C. L. R. James, a Inglaterra e os Estados Unidos aparecem juntos já de início. O narrador descreve as ambições da mãe do protagonista para ele:

> Nas Índias Ocidentais, conseguir uma profissão significava ir para a Inglaterra ou para a América, e sua mãe havia decidido que o mandaria para a Inglaterra. Ela era diretora de uma escola e, no tempo livre, lecionava incansavelmente. Primeiro ela comprou a casa e assumiu uma hipoteca elevada. Haynes trabalharia na ilha por um ou dois anos, e então, quando a hipoteca estivesse quitada, ela o mandaria para o exterior e o manteria lá.[133]

Mas a mãe de Haynes morre, e ele se muda para uma casa no número 2 da Minty Alley. A casa pertence à sra. Rouse, cujo marido a havia abandonado e fugido para a América com outra mulher. Haynes é um jovem de classe média e através de seus olhos testemunhamos os altos e baixos da vida da classe trabalhadora em Minty Alley — a labuta e as intrigas de casos de amor secretos, infidelidades, adversidades financeiras, as batalhas, as rusgas com a polícia, tribunais e oficiais de justiça. Haynes se relaciona com Maisie, sobrinha da sra. Rouse, que tem planos de deixar Minty Alley e ir para a América:

> Mas ela queria ir para a América para trabalhar e ganhar um bom dinheiro. Na América, trabalhava-se muito, mas vivia-se bem, e a comida e os ganhos eram bons. Por que ela tinha de passar fome e trabalhar como uma escrava para conseguir alguns xelins por semana de algum empregador da cidade?[134]

No fim do romance, depois de uma briga feia com a tia, Maisie parte de barco rumo à cidade de Nova York. Sem muito dinheiro, Maisie, astuciosa, consegue realizar a façanha por meio de um esquema, como ela descreve para Haynes:

> "Mas a comissária tem uma assistente e às vezes duas. E se pagar vinte dólares para ela, o trabalho é seu. Faz tempo que ela está atrás de mim."
>
> "Por que ela está atrás de você?"
>
> "Ela gosta de meninas negras bonitas. Os oficiais brancos gostam."
>
> "Então você quer dizer..."
>
> "Sr. Haynes. Eu quero um trabalho e vou conseguir. O capitão e a tripulação toda não podem conseguir nada de mim que eu não queira dar. O barco já chegou e, se conseguir o trabalho, vou partir. Temos que assinar uns papéis dizendo que vamos voltar. Mas quando aquele barco chegar em Nova York e eu pisar em terra firme, se decidirem me esperar na volta, o barco vai ficar esperando por um bom tempo."
>
> "Então está tudo arranjado, Maise."
>
> "Sim, sr. Haynes."
>
> Havia uma aspereza e uma determinação por trás do ar casual com que ela falava que o atordoou e fez Haynes apenas aceitar.[135]

No fim de *Minty Alley*, a América é a meta de todas as ambições.

Mas um outro som chega, um som que atravessa e eventualmente supera esse som branco. Esse som carregava o nacionalismo negro anticolonial insurgente. Minhas tias, meus tios, minha avó e meu avô, a vizinhança toda amavam Ella Fitzgerald e Sarah Vaughan. Amavam Dinah Washington cantando "This Bitter Earth", "I Wanna Be Loved" e "Teach Me Tonight". Quando ouço essas músicas hoje, sou tomada por um profundo prazer. Posso ver a sala de estar da minha infância e minhas tias rindo. Elas amavam o vibrato suave, profundo e elegante de Billy Eckstine cantando: "What Kind of Fool Am I?". Essas cantoras e cantores eram um alívio. Do outro lado da rua, Ivan, um de dois irmãos, tocava seu saxofone todas as tardes depois do trabalho, praticando "There Will Never be Another You", de Lester Young. Ele nunca tocava em público, só praticava. Acho que jamais conseguiu tocar a música com perfeição. Essa parte da América, a América Negra, a parte que felizmente se tornaria o único som distintivo dos Estados Unidos, foi uma parte que a minha família, minha rua reconheceram e com a qual se identificaram. Esse som conferia uma sofisticação e o conhecimento de que outras pessoas negras habitavam esse "lá fora" e viviam na nascente desse novo imperialismo — e esse conhecimento foi uma fonte de conforto, embora conturbada. Nós sabíamos que aquelas pessoas negras lutavam também e que, como nós, criaram um som. Era algo ambicioso.

Essa é uma afinidade que Richard Wright aponta e sintetiza em sua introdução de 1953 para *In The Castle of My Skin*, de George Lamming:

> Mesmo antes de Lamming deixar seu lar na ilha, esse lar já morria em seu coração; e o que acontece com Lamming depois disso é algo que todos nós conhecemos, pois basta erguer os

> olhos e ver pelas ruas incontáveis Lammings locais, jovens e de pele escura, marchando em protestos, comparecendo a comícios políticos, buscando impulsiva e freneticamente uma nova identidade [...]. Como o jovem Lamming estava pronto para deixar a ilha de Barbados e ir para Trinidad, Trumper, que foi para a América e se deixou influenciar pela agitação racial e política em massa, retorna e, com alguma confusão, relata o frenético evangelho da autoafirmação racial — aquele estranho alimento espiritual dos forasteiros desarraigados do século XX. O símbolo magnético de Paul Robeson (retratado aqui de forma puramente racial, e *não* em termos políticos!) atrai e também perturba o jovem Lamming quando este ouve Robeson cantar em um pequeno gravador: "Deixe o meu povo ir!".[136]

Meu tio amava Nat King Cole. Para nós, ele até se parecia com Nat King Cole, uma semelhança que até lhe dava algum prestígio, embora meu tio não cantasse. A versão de Nat King Cole de "The Christmas Song" era muito refinada — parecia satírica, ou irônica, e fazia aquela versão de Bing Crosby parecer simplista e falsa. Essa versão pertencia a uma outra ordem intelectual, e essa contradição se sobrepunha a todas as outras contradições já presentes. Como Maisie em *Minty Alley*, as pessoas pensavam que tinham simplesmente que ir para lá, que tinham só que "pular no navio", como Maisie planejava fazer, e que poderiam lidar com o resto na América. As pessoas fariam qualquer coisa para "ficar presas no doce pega moscas da vida".[137]

II. este parágrafo fala de uma cidade

> Dawson's Landing era uma cidadezinha escravagista, com uma rica área nos arredores cultivada pelo trabalho escravo, produtora de grãos e carne de porco. Era uma cidadezinha sonolenta, confortável e contente. Contava cinquenta anos de existência e crescia lentamente — muito lentamente, na verdade, mas crescia.[138]

Já no começo de *Wilson Cabeça de Pudim*, de Mark Twain, publicado em 1894, após as descrições da paisagem onde a ação do romance tem lugar, após arranjadas as roseiras, as malva-rosas, as madressilvas e as belas casas, o parágrafo citado aparece. Nos prepararam para esse parágrafo com as menções idílicas e bucólicas de flores e rios. Em minha experiência de leitora, muitas vezes eu me deparei com um parágrafo desse tipo, um parágrafo de sentenças contraditórias. *Era uma cidadezinha sonolenta, confortável e contente.* Incrível. Para mim, é sempre incrível. E as pessoas escravizadas da frase anterior? Essas pessoas, ao que parece, não fazem parte da cidadezinha, e como é interessante o estado de coisas que teve de ser ocultado para abrir o relato — um fato de incrível importância teve de ser tornado passivo, despido de sua violência, para que a elocução pudesse continuar. E que construção passiva interessante temos aqui: *cultivada pelo trabalho escravo.* A segunda sentença deve pacificar a primeira de forma que o relato possa continuar nesse registro de contentamento, conforto e sonolência. "Dawson's Landing era uma cidadezinha escravagista, com uma rica área nos arredores cultivada pelo trabalho escravo, produtora de grãos e carne de porco." Tendo a segunda sentença cauterizado a primeira, o trecho nos convida a ver o que vem então, a julgar o que se segue a partir desse ponto de vista benigno, nos convida a localizar nossas simpatias e expectativas no investimento dessa segunda frase. Vamos atentar para as personagens arrancadas da primeira frase pelo autor. Vamos atentar para as personagens arrancadas pelo autor não dos arredores cultivados pelo trabalho escravo, mas dos espaços íntimos da cidade escravagista. Quer dizer, vamos atentar para o espaço íntimo ou doméstico das pessoas brancas da cidade. Nesse espaço íntimo ou doméstico, há pessoas negras escravizadas que podem ou não trabalhar nos arredores da cidadezinha, mas que também trabalham dentro e nas cercanias do lar branco. A narrativa, é claro, fala sobre a troca de bebês, a troca de bebês racialmente indistinguíveis por Roxy, mulher escravizada, que queria proteger seu filho e evitar que ele fosse vendido. E é aqui que entra Wilson Cabeça de Pudim, advogado e um adepto precoce da nova tecnologia do registro de digitais. Mas isso não importa em minha avaliação desse parágrafo; é só mais uma ofuscação no enredo fazendo aquele mesmo trabalho, enterrando as contradições do parágrafo ou, talvez, ilustrando essas contradições. Ilustrando, talvez, a indiferença do mundo branco em relação à escravidão como algo que fere o conceito da liberdade humana, um conceito que fundamenta todos os desejos do mundo branco, mas é negado à existência do outro. O romance, apesar das muitas personagens e situações dramáticas que a primeira sentença sugere, se estabelece nas interações no interior do lar branco.

Então, o autor escolhe a figura do "escravo doméstico", pessoas escravizadas que trabalham na casa, para atuar como coadjuvante, falsamente implicando uma relação benigna, apresentando a parte pelo todo e ocultando a massiva mão de obra escravizada agrária. Como se a escravidão fosse uma inconveniência "doméstica" e as pessoas escravizadas meros instrumentos da branquitude, da realização ou atuação brancas; como se as pessoas escravizadas fossem meros fantoches incorrigíveis, e não uma força de trabalho explorada e violentada da qual depende a viabilidade econômica do conforto, do contentamento e da sonolência. Um problema estrutural da narrativa literária inglesa permite esse truque, já que devemos nos preocupar com os desafios individuais, com a luta individual contra as dificuldades "da vida". Esse é o idílio que conforta quem lê — como se o antagonismo fosse pessoal e não social/estrutural, como se a avaliação de um estado de ser envolvesse apenas um indivíduo e não a massa de indivíduos que vivem sob o regime. Eu diria que esse romance, e a obra de Twain no geral, regularizou uma certa visão das pessoas escravizadas, e consequentemente da negritude, como um terreno "doméstico". E é apenas esse único protagonista que realiza a domesticação do histórico. A abrangência histórica é reduzida ao pessoal, ao doméstico. "Personalizar" ou atomizar um único protagonista no mundo, ou um protagonista energizado, sustentado, tornado intrínseco pelo individualismo, retira desse relato seu significado global. Quando o contato europeu aconteceu, essa atomização talvez tenha vindo junto — e esse estilo narrativo se tornou o escopo, o terreno do colonizador. Enquanto isso, de fato, a narrativa já não é mais possível, se é que já foi, em qualquer forma que não seja multivocal no caso do colonizado.

A linguagem do romance, o suposto maneirismo do discurso e coloquialismos da época, me ofenderam na universidade. A nomenclatura depreciativa no texto deveria ser supostamente uma representação simples, rústica — o que é dado por certo. Nós, que sofremos os ataques das palavras gratuitas, devíamos supostamente compreender obras desse tipo como literatura. Devíamos supostamente limitar e ao mesmo tempo enaltecer os efeitos da literatura. Esperava-se que tomássemos toda essa agressão racial por equanimidade ou por uma qualidade de boa índole. Senão, era como se não fôssemos capazes de aguentar uma piada — ou a verdade.

Publicado em 1901, sete anos após *Wilson Cabeça de Pudim*, o romance de Charles Chesnutt *The Marrow of Tradition* é de muitas formas uma réplica do romance de Twain. O relato identifica como "medula" [*marrow*] o núcleo supremacista branco da narrativa de Twain. E é um corretivo da brincadeira que Twain faz com as pessoas negras, jogando com questões de "caráter" e de "natureza" versus "criação". *Marrow* é uma resposta urgente à revolta de 1898 na qual centenas de pessoas negras habitantes de Wilmington, na Carolina do Norte, foram assassinadas ou expulsas da cidade, naquela que foi a única (ou uma das únicas) insurreições bem-sucedidas nos Estados Unidos. *The Marrow of Tradition* também é centrado em uma cidadezinha — no caso, Wellington, na Carolina do Norte. Trata-se de uma cidade cujos ex-escravagistas e feitores pensam que a população negra desfruta de liberdade demais no pós-escravidão.

Enquanto em Twain não há nenhum antagonismo — ele cria um esboço simples, mas astucioso —, Chesnutt rasga o véu do sofrimento negro, expondo a desonestidade e a violência da branquitude. Trabalhando em muitos dos mesmos materiais em torno da lei, da questão da natureza e da criação, o romance de Chesnutt não se estabelece em um passado escravagista idílico que nunca existiu, mas nas vésperas de um violento ataque contra as pessoas negras da cidade. Ele recusa a narrativa simples, domesticada e individualista. Wellington é uma cidade totalmente diferente, uma cidade cujas pessoas brancas são beligerantes e na qual as pessoas negras tentam sobreviver, por vezes se divertindo enquanto navegam pela hostilidade branca com performances submissas claramente conscientes. Wellington é uma cidade no limite do ódio fabricado contra as pessoas negras locais, um ódio que logo leva a uma insurreição na qual centenas de pessoas negras são assassinadas, e grande parte do restante é expulsa da cidade.

Há tramas no romance de Chesnutt que retratam deserdamentos, animosidades, duplas (Janet Miller e Olivia Carteret, Tom Delamere e Sandy) e aventuras jurídicas. Mas sentimos algo diferente quando lemos Chesnutt. Ele não se diverte à custa das pessoas negras; não ri delas. O autor nos alerta que é o som da risada negra, e o fato de as pessoas negras viverem fora da subserviência, que inflama a branquitude da cidade. O som da risada negra, da diversão negra, ativa o ressentimento branco. Em contraste, meu argumento é que *Wilson Cabeça de Pudim*, de Twain, não tem absolutamente nada a ver com as pessoas negras. O que o romance expressa é a branquitude e o desafeto dela com relação à humanidade.

Os livros, os sons, as imagens; a Grã-Bretanha, os Estados Unidos, impérios — tudo isso nos chegou como o universal, no qual deveríamos nos inserir. Imediatamente reconhecemos que deveríamos nos tornar esse universal — e que se trata de uma categoria aspiracional, não de uma condição dada. Faríamos esforços para nos tornarmos esse universal reconhecendo ao mesmo tempo que não fazemos parte dele, ainda que tenhamos recebido o sentenciamento vitalício de defender a nossa própria entrada nele. Compreendemos a grandiosidade do chamado, seus limites e fronteiras, mas nós, que recebemos uma "educação", deveríamos nos tornar esse universal por meio de nossa própria dedicação diligente — ou, como acaba acontecendo, por um milagre; ou então por falsas ilusões.

Um sentimento de interrupção é a qualidade mais penetrante dessa vida de leitura/visão: algo como um eu sendo interrompido; algo como uma vida alternativa sendo impedida, embora a interrupção seja diferente do impedimento. A interrupção é contínua; possui lapsos temporais mais curtos e contínuos ou consecutivos. O que está sendo interrompido se mostra opaco para você. Recebemos a coisa desfeita, como uma série de minutos fragmentados que formam algo reconhecível. A interrupção é uma coisa física, mas também tem a ver com duração — a interrupção pode se reunir, mas todo esforço nesse sentido encontra nova interrupção.

Eu acho insuportável assistir a qualquer programa de televisão ou filme popular sobre pessoas negras dentro da estrutura da máquina capitalista que cria imagens da negritude. São as cenas que contêm a interrupção mais profunda, porque nelas a promessa de uma auto-observação, de "caracterização", é oferecida e obviamente retirada. Eu digo "obviamente" porque todas as representações no interior dessa máquina tomam a forma capitalista, e mesmo quando essas imagens supostamente resistem é inevitável que assimilem a forma. Os filmes tradicionais — ou seja, filmes nos quais a branquitude é a lógica organizadora — mostram invariavelmente as pessoas negras desejando entrar no capital, quer dizer, fazer parte da branquitude; e vendendo a si mesmas como mercadorias, quer dizer, a negritude. O que também quer dizer: as pessoas negras desejando obter a posição da branquitude. Esse desejo, de trocar a negritude pela branquitude (e suas lidas), é considerado a boa busca da personagem, e essa busca é a base de muitos desses filmes. A personagem negra deve passar no teste para provar que não é uma mercadoria. Adentrar o capital é considerado uma ambição digna, o que significa, portanto, que a pessoa não é mercadoria. Ou seja, que essa pessoa não é negra. É com base nesse valor que a personagem tem sucesso ou fracassa. Os filmes propõem que as personagens negras são mercadorias, passíveis de venda, desprovidas de fundamentos éticos. Este é o esquema: entrar como mercadoria porque você é marcada como mercadoria, e então encenar o drama da mercadoria buscando ser capital/ista. Esse é o arco sisífico da caracterização negra.

Escritoras negras e escritores negros também devem, com frequência, provar a "universalidade" das experiências que escrevem, encarregadas e encarregados de facilitar uma transparência, e essa experiência deve ser entregue no registro do estereótipo. Ou seja, para a autora/o autor negra/o e suposta/o sujeito, a "universalidade" muitas vezes significa que a descrição da vida que essa ele/a escreve seja feita nos termos da compreensão euro-estadunidense — que pode, de fato, ir contra ou contradizer a vida vivida. Em outras palavras, os/as autores/as negros/as costumam ser encarregados/as de reproduzir estereótipos equivalentes àqueles já compreendidos, presentes nos textos consagrados da tradição euro-estadunidense. O campo interpretativo da vida negra no discurso branco é muito pequeno. Recusar a narrativa fixa, vagar livremente pela experiência, pelo tempo e pelo espaço, é violar os limites dessa transparência exigida.

III. vestígios: tornar a olhar

VENHO TENTANDO REFLETIR sobre a forma como uma pessoa é feita e como a pessoa se faz. Venho pensando que uma pessoa é feita de eventos — históricos, familiares, conhecidos e desconhecidos; uma pessoa também é feita daquilo que lê, daquilo que vivencia — tudo isso determina a forma como essa pessoa vem a se conhecer; uma pessoa também é feita pela ação, realização e análise que constroem um eu. Uma pessoa também é feita por aquilo que Michel-Rolph Trouillot chama de silêncio e poder na produção da história.

Uma pessoa é feita por obras literárias, e uma pessoa é feita através da narrativa e pela narrativa. Ou, melhor, eu tenho sido feita e continuo a ser feita na literatura e pela literatura. Uma fotografia minha de quando eu tinha quatro anos abre um mundo narrativo. É fonte de infinitas leituras, infinitos olhares. Essa fotografia se tornou um artefato — um objeto de importância cultural ou histórica que alguém estuda e teoriza por causa de sua qualidade incognoscível, por causa de sua existência em uma outra época.

Chamo esta seção de "Tornar a olhar" para examinar uma fotografia como um vestígio e ver como essa fotografia gerou, no fim, um romance, um poema, um conjunto de pensamentos. Eu quero tornar a olhar para permitir, para possibilitar a interpretação dos materiais da vida — "uma" vida, uma vida comum, uma vida no histórico, uma vida no ato de viver. Uma vida no ato de criação narrativa, uma vida no plano da narrativa.

"Tornar a olhar" é tentar fazer sentido desse ato de viver, iluminar aquilo que, embora sentido no nível celular, não pode ser visto ou compreendido totalmente no nível imediato. Naquela fotografia tirada quando eu tinha talvez quatro anos, eu estava vivendo tudo o que viria a seguir? Se a fotografia captou o tempo, pode a duração do tempo ser vista nela? Eu me refiro ao tempo não como destino, mas como possibilidade, como matéria. O destino tem uma forma narrativa fechada, é uma história já contada, mas o tempo é muito mais sugestivo. Tornar a olhar significa tentar descobrir quais simultaneidades, ou que brutais eficiências da dominação, obscurecem e arruínam; significa trazer novos conhecimentos, ou um conhecimento não acessível na época, influenciar eventos passados (contínuos). Sem dúvida algo podia ser previsto a partir da fotografia. Mas não tudo. Tornar a olhar é revisar o ato de viver através de um processo de entendimento e transformação crítica — em outras palavras, subverter e afetar certas formas de pensar, certas formas de saber e certas formas de ser no mundo; é negar certos roteiros. Essa é a beleza que o tempo concede e concedeu para as meninas na fotografia.

Então deixe-me tornar a usar aquela fotografia. Tornar a ler aquela fotografia. Tornar a olhar. Aqui eu usarei a fotografia para falar sobre seus traços e trajetórias através da escrita e em meu romance, *At the Full and Change of the Moon*. Esse romance, agora eu vejo, foi minha tentativa mais clara de descrever a fotografia em sua totalidade, da forma como a ficção possibilitaria. Quer dizer, descrever o que veio antes e o que veio depois, o que levou a/as menina/s até aquele momento no estúdio do sr. Wong, além das muitas elaborações da fotografia. A foto da minha infância sempre foi e ainda é um mistério para mim, ou uma abertura, um fascínio e a fonte de um olhar incansável. E de escrita. Então, é possível que tudo, desde então, e portanto minha vida literária, emane da fotografia. Por quê? Porque a fotografia narra e é um registro do meu mundo aos quatro anos de idade, quando o meu mundo se choca com a apreensão. A sobrevivência da fotografia atesta sua importância. Poucas fotografias marcam esse período na minha família. Essa foto é o retrato familiar sobrevivente. As quatro primas, ou as três filhas e sua prima, ou a filha e suas três primas, ou a menina, suas duas irmãs e sua prima, ou as meninas mais velhas da família. Ou...

Eu acho que, quando esse trabalho estiver finalizado, a fotografia desaparecerá como objeto físico — dissolvida ou oxidada por esse tornar a olhar. Ou talvez parecerá diferente, habitada total e visivelmente por todos os espectros de sua geração. Todas as figuras fora do foco direto do fotógrafo, o sr. Wong, se mostram para mim quando torno a olhar para a fotografia. Como olhar para um artefato torna visíveis todas as suas coordenadas humanas.

Para complicar as coisas, eu quero agora usar a foto como uma autobiografia, especificamente da forma como Antonio Gramsci concebeu a autobiografia, como "a menor unidade analítica capaz de compreender sujeito e objeto capturados no processo de mudanças biológicas e históricas".[139] A autobiografia, como o autor propôs, pode expor a relação entre a formação individual e coletiva. E embora eu mesma não tenha tirado a fotografia — que, em um sentido mais puro, é biográfica, de autoria do fotógrafo —, ainda se trata de uma tentativa minha de autorizar e estabelecer um tipo específico de sujeito. Eu sinto que, embora tivesse apenas quatro anos, fui cúmplice o bastante de sua criação para considerá-la autobiográfica. Eu ajudei a criar a fotografia olhando para a câmera, auxiliando o sr. Wong a ajeitar, ou acalmar, minha irmã com aquele chocalho que aparece em um borrão, e alcançando com minha súbita consciência o mundo além da fotografia. A foto veio a ser incorporada na forma como eu/nós/os sujeitos conhecemos nosso/meu "eu" — e é simultaneamente "aqui estou eu/estamos nós" e "lá estamos nós/estou eu". Quando peço para as minhas irmãs olharem a fotografia, elas se veem. Eu não me vejo, mas me vejo olhando para fora da fotografia. E eu me lembro de não seguir simplesmente as instruções do sr. Wong, mas de me sentir responsável pelo projeto da fotografia. No entanto, essa deve ser uma afirmação muito ousada — muito ficcional.

Meu desejo é empregar a fotografia de todas essas formas, como uma unidade de análise que mostra uma família em uma determinada época sob determinadas circunstâncias, mas também uma família sendo formada no interior da história em que a fotografia se insere e que também elabora, e em um momento no qual a agência se revela nos sujeitos do quadro.

De 1956-7 até 1965, nós recebíamos envelopes azuis do correio aéreo, cartas da minha mãe e da minha tia a cada quinzena, com notícias confusas do mundo e da vida delas. Nunca enviavam más notícias dessa vida, só ocasionalmente algo como uma desculpa: "Desculpem, fui incapaz de remeter tanto quanto eu queria; por favor, façam o que puderem com o dinheiro até eu conseguir me sair melhor". Elas olhavam para a fotografia, eu imagino, cientes dos dias difíceis contidos na preposição "até". Nós vivíamos esse "até" na escassez, um tempo que chamávamos de "dias de água doce". Elas — minha mãe e minha tia — viviam no mundo ao qual o fotógrafo conduzia nossas imagens, o mundo que construiu as incapacidades contidas na palavra "incapaz". Elas, e a Inglaterra, manteriam nossa existência entre essa melancólica preposição e a palavra adversa. As ansiedades em nossa casa/família dependiam da precária promessa da Inglaterra. Essa fotografia é a única da minha infância, e é inflamada pela ocasião, pela interferência da Inglaterra. Não há outra razão para a existência da fotografia — nenhuma razão familiar, caprichosa ou benigna. Por mais impressionante que seja, a fotografia existe em um registro administrativo.

A fotografia é algo como um passaporte para aquele lugar chamado Inglaterra — uma fotografia de identidade. Minha mãe e minha tia saíram de casa com a impressão de que elas também deveriam mostrar/mostrariam uma boa aparência, como eu disse no começo deste livro. Essas boas aparências as fizeram esconder suas vidas íntimas da família na ilha. Foi muito importante que tenham feito assim, para conseguir enviar suas remessas — que *deviam* enviar — para a família. Sua única missão era conseguir *se saírem* melhor, e não "viver". Então, esconder suas vidas íntimas deve ter lhes custado, e custou. E nós, as meninas fotografadas, devemos olhar na direção delas/para elas garantindo que sua experiência não seja em vão, que a memória que elas têm de nós, sustentada por essa fotografia, seja vital — uma memória viva, necessária para sua jornada na Inglaterra. Elas não foram embora viver a vida, elas foram trabalhar, lutar. Minha mãe, quando voltou dez anos depois, dizia, com raiva, quando presenciava algum mau comportamento da nossa parte: "Eu andei por aquelas ruas de Londres só com a roupa do corpo para vocês se comportarem desse jeito comigo?". Nesses momentos, nós ouvíamos apenas a explosão e a precariedade, a dor e as restrições de seu trabalho explorado. E nós podemos definitivamente imaginar que outras adversidades ela deve ter enfrentado, embora minha mãe silenciasse sobre isso. Em qualquer outro momento após seu retorno, ela falava de Londres/da Inglaterra como seus dias de glória — as luvas longas que amava; o vestido de guipure dobrado delicadamente em sua mala; as salsichas com purê de batatas que cozinhava em ocasiões raras e especiais, quando parecia feliz. O anseio por Tenerife, ou pela visão de Tenerife, que minha tia alimentou por décadas retrocede — até pouco *antes* da chegada à Inglaterra. Eu posso interpretar essa lacuna como algo repleto daquelas mesmas adversidades não ditas. A lendária retidão dela faz da declaração desse anseio por Tenerife uma resposta surpreendente.

Temos de olhar para a câmera, o sr. Wong diz. "Meninas, sorriam! Não chorem". Eu me lembro de tentar seguir as instruções dele; minha irmã mais nova está chorando, e minha prima estremece, solidária. O esforço de ficarmos paradas, atentas, e as expectativas desconhecidas e incontáveis do lugar vazio além do sr. Wong, é tudo muito estressante. Eu devo acalmar minha prima e minha irmãzinha. E também devo olhar para a câmera. *Minha irmã mais velha parece distante*, embora agora, penso eu, ela pareça triste, *com seus próprios ajustes*. Ela, minha irmã mais velha, carregará nosso peso nos anos que virão, porque é a mais velha. Seguirá as instruções da minha avó e fará todos os mercados, todas as compras, resolverá todas as burocracias — escreverá todas as cartas para a Inglaterra. Ela se tornará uma mulher de negócios, será sempre uma mulher estilosa; minha irmã usará essa habilidade, a habilidade do autoajuste, para sair rapidamente de um mau momento para um otimismo maior do que qualquer coisa que eu pudesse conseguir com meu chocalho. Eu não consegui convencer minha irmãzinha a não chorar, nem pude convencer minha prima a não ter medo. E não consigo convencer ninguém, mesmo agora. O chocalho é um borrão na fotografia — esse chocalho só é um chocalho porque eu digo que é; e eu digo isso apenas por causa da minha memória daquela tarde. Era um sábado à tarde, eu me lembro. Só podia ser um sábado à tarde. O borrão do chocalho deve ter algum significado — o chocalho se move mais rápido que o obturador do fotógrafo. E, no momento que o sr. Wong tira a fotografia, o chocalho parece prender na bainha do meu vestido. Minha memória daquela tarde foi o que sobreviveu para me dizer que sou eu ali na fotografia.

Todas nós vamos para a Inglaterra quando crescermos. Isso é uma certeza. Esse é o plano. A Inglaterra é um lugar melhor. *Nossas vidas girarão em torno das cartas enviadas e recebidas nos envelopes azuis do correio aéreo e serão decididas por elas*. Nós viraremos as páginas do catálogo da Harrods, a loja de departamentos, competindo para reivindicar quais coisas são nossas — quem puser o dedo primeiro na imagem ganha: fogões, vestidos, bules, ferros de passar, sapatos, pentes, utensílios, artigos, uma vassoura, um faqueiro, uma xícara de chá — não brinquedos, simplesmente, como poderíamos esperar, mas materiais, os produtos das relações do movimento de bens e pessoas — um pincel, uma bandeja, uma mala, uma tábua de passar. Nós faremos isso durante todos os anos de nossa infância. Esse catálogo será nosso jogo em dias de chuva, durante toda a temporada de chuvas. Esse livreto ficará cheio de dobras na beirinha das páginas e rasgado, especialmente se alguém trapacear. Então as outras pegarão o livro, reivindicarão todos os produtos e jurarão nunca mais jogar com aquela que trapaceou.

Lá estamos nós, lutando para nos comportarmos da melhor forma, usando nossos melhores vestidos, com fitas no cabelo e nossos sapatos de sair, o piso de linóleo florido do estúdio, a cortina bege atrás de nós. Será que eu não sou alguém que conhecerei depois da fotografia?

O sr. Wong nos posicionou não em ordem de idade ou altura, mas de forma intercalada, baixa, alta, baixa, alta. Nós poderíamos ser qualquer criança ali — então a fotografia é, de diversas formas, muito comum, muito simples. Seu objetivo é registrar, não perturbar. Qualquer fotografia enviada para a Inglaterra em 1957 podia ser assim. O fotógrafo, sr. Wong, havia tirado muitas fotos como essa. Minhas amigas também caminharam bem-vestidas pela McGillvary Street para enviar fotos a alguém na Inglaterra. Subindo a McGillvary e entrando na Coffee — como era chamada a rua principal —, na direção do estúdio Wong na Lord Street, ou seria na Mucurapo Street? Então, há muitas fotografias como essa. As fotografias que eu veria depois, fazendo a jornada oposta, da Inglaterra para "as colônias", teriam uma aparência contraditória: uma aparência de seu antigo "nós" e de seu novo e atual "*eles*" e "*lá*" — uma fotografia com um telefone na mão como um atestado de riqueza; ou uma fotografia ao lado de um carro, um Vauxhall ou um Bentley pelo qual se estava passando, não um carro que se possuía, mas um carro que se poderia insinuar que possuía. Uma fotografia de uma pessoa usando um casaco de lã, uma luva até o cotovelo, um cardigã. Ao lado de uma bicicleta, ao lado de um rádio, perto de uma lareira, andando por uma rua bacana, diante da vitrine de uma loja bacana ao lado de uma cabine telefônica vermelha. Essas fotografias continham um objeto, um objeto estrangeiro, que indicava bem-estar e fazia referência ao lugar: Londres, Manchester, Liverpool, Blackpool, Inglaterra. Havia outras fotos da Inglaterra, parecidas com aquelas que recebíamos, tiradas em estúdios similares na Inglaterra, com pisos de linóleo parecidos, embora as roupas fossem mais chiques — ou mais chiques na nossa visão. Essas fotografias exibiam uma confusão de estilos, mas ainda assim havia algo nelas que testemunhava o esforço — o esforço de parecer à vontade.

Que confusão é essa que eu leio? A parte do sujeito que ainda é nossa ao lado da parte do sujeito sendo ao mesmo tempo cerceado e construído, de boa vontade. Ou que desconforto é esse que eu leio? O trabalho racial do Estado pressionando contra as lentes e as pessoas, os sujeitos, agarrando alguns objetos para compensar suas perdas afetivas.

Em contraste, as fotografias de quem viajou para o norte não tinham esses acessórios nem faziam referência às condições em que foram tiradas, contendo apenas as esperanças reveladas através do asseio e de uma apresentação de bom comportamento.

Todas as fotos que recebíamos assinalavam uma vida no estrangeiro ou na metrópole. Marcavam a chegada naquilo que o Ocidente julgava como o presente. Qualquer outro tipo de fotografia, aquelas como as nossas, as fotografias enviadas para o norte, para a metrópole, se tornaram uma espécie de retrato etnográfico de um passado ou época "primitiva". Nós e as outras pessoas vivíamos na mesma época, mas o tempo só é medido por sua referência à modernidade — algumas fotografias param o tempo; outras movem o tempo. Então, é claro, eu não me reconheço. Esse não reconhecimento é a inquietação que retornará repetidamente — como curiosidade, como investigação, como leitura e escrita daquilo que a fotografia convoca e desenterra.

Minha mãe nos enviou uma fotografia dela com seu uniforme de parteira pedalando uma bicicleta em algum lugar em Croydon. É uma bela fotografia de uma mulher jovem e determinada indo cuidar de seus afazeres. A bicicleta faz minha mãe parecer despreocupada e séria ao mesmo tempo. É por isso que uma bicicleta sempre aparece em meus poemas e romances? Quando olho para essa fotografia anos depois, minha mãe não parece tão despreocupada, mas despreocupada e capaz é minha memória da foto. Eu nunca aprendi a andar de bicicleta, mas a bicicleta continua a aparecer em meus versos, nas coisas que escrevo.

Minha tia mais nova foi mais tarde para a Inglaterra, nos anos 1960. Não há fotografias dela, mas há uma história e uma imagem. A imagem de um casaco marrom e a história de duas irmãs tristes que vão encontrá-la no aeroporto com esse casaco e um par de botas marrons. Ela odiou o casaco e as botas. E ela odiava a visão do sangue, que lhe provocava ânsias de vômito. Então o hospital Wandle Valley seria seu destino apenas por um breve período. Ela havia entrado na vibrante Londres dos anos 1960 e teve que se afastar, o que ela fez, dessas irmãs. Na vez seguinte em que eu a encontrei, nós bebemos Campari na balsa de Dover até Ostend, no caminho até sua casa em Zeebrugge.

As fotos de família são cheias de ausências e presenças. Talvez as fotos de qualquer tipo sejam sempre cheias de ausências e presenças, especialmente quando você ocupa a história do Novo Mundo e não pode se identificar com os atuais vencedores. Você vê as imagens de "antes" e "depois". Você vê a conjunção "*mas*". Você vê uma camada da imagem que é adjacente ou palimpséstica aos discursos da colonialidade. A imagem é a visão e o lugar que expõem as fissuras incendiárias, a imaginação eruptiva que podem subverter a colonialidade. Mesmo a fotografia pessoal é histórica — não no sentido de datar a fotografia, como quando dizemos "Essa foto foi tirada em 1957", mas como em: "Essa foto foi tirada quando as ausências — a inscrição de 'sujeitos coloniais' — eram consolidadas em referência às presenças da modernidade". E quando ausências particulares eram autorizadas de forma que uma subjetividade adequada pudesse ser constituída.

Se eu leio aquela fotografia das quatro meninas como a criação do objeto de leitura, e, mais importante aqui, do objeto da escrita; se eu tomo a fotografia como um vetor que conduz à minha escrita — eu vejo que ela também funciona como um catalisador para a narrativa do mundo diante da fotografia, o mundo da fotografia, o mundo anterior e posterior à fotografia. Eu vejo a fotografia como a erupção da presença e da ausência. A ansiedade da foto é a menina atenta na foto — a menina na foto que não se reconhecerá após a foto. Eu me lembro de tirar a fotografia como uma espécie de apresentação pública para o "eu" que está na foto; uma entrada na percepção de um público que tinha seus entendimentos e desejos; um encontro com pessoas desconhecidas cujos desejos ou entendimentos não se podiam necessariamente predizer. A ocasião produziu uma percepção de mim mesma como uma consciência em diálogo com consciências desconhecidas. E isso produziu um sujeito que olha — e, em última instância, um sujeito que observa.

Agora, lendo a fotografia, eu vejo inúmeras ansiedades. As histórias que aparecem e desaparecem na fotografia instigaram em mim uma curiosidade sobre a história e a historiografia — uma curiosidade que abriu seu caminho na ficção.

Minhas irmãs, minha prima e eu frequentaremos uma escola anglicana. Usaremos uniformes marrons pregueados e uma blusa branca por baixo. Minha irmã mais velha nos guiará na longa caminhada até lá, passando pela Coffee e pelo passeio perto da igreja anglicana que fica na frente do tribunal. Lá, seremos educadas em vários assuntos, mas sobretudo no trabalho racial da literatura, cuja característica mais marcante será nossa ausência, por um lado, e nossa eterna presença subjugada, por outro.

Aprender a literatura do conquistador é uma tarefa tanto obrigatória quanto burocrática; qualquer valor estético é ausente, a não ser como uma diretiva. A literatura é isso. A beleza é isso. Essas são as pessoas merecedoras de uma vida bela. Essas são as dificuldades que acompanham a conquista dessa vida. E nada diz respeito a você. Essa literatura — ou seja, a literatura do conquistador — não tem valor, se pensamos o valor como algo que enriquece, nem é bela. Sua posição como algo dotado de beleza ou valor é iterativa. Mas só ficamos cientes disso mais tarde. Apenas suspeitamos, com o sentimento de lutar ou fugir que experimentamos à medida que essa literatura é administrada e ingerida com advertências e remorsos. *Minty Alley* (1936), de C. L. R. James, e *In the Castle of My Skin* (1953), de George Lamming, ainda não fazem parte — e não farão por um bom tempo — da educação formal. Você não aparece na literatura como seu sujeito, mas como seu outro degradado implícito ou óbvio, então a obra chega com uma perda ou ausência. Você figura na obra como sacrifício, como detrito. Você deve fazer uma reivindicação extremamente desonesta como seu sujeito. Trata-se de uma reivindicação que expõe você constantemente à qualidade insuportável da reivindicação. Essa literatura chega com sua proibição, com seu portal fechado; e por ser um portal há um vidro através do qual você é instruída a olhar. E você sabe que está olhando, uma vez que essa literatura chega com um sinal; essa literatura chega se apresentando como um presente e um remédio. Você é convencida de que está incompleta sem essa literatura, e embora você não saiba que é incompleta, fica sabendo assim que olhar. Em sua vida, você sabe que essa literatura, essas instruções, chegarão, já que o terreno é preparado para sua chegada nas condições materiais da sua vida, ainda que essa vida seja muito jovem. Portais físicos como ruas, prédios e o discurso geral ao seu redor já prepararam a arquitetura da sua vida, da sua existência. Essas ruas e prédios são predestinados. Nós temos que aprender essas instruções conforme a ordem e a forma em que são dadas. Muitas pessoas entre nós são consideradas "brilhantes" se conseguimos regurgitar esse ensinamento na ordem certa e na forma correta. E todo mundo se esforça para ser "brilhante".

O colonialismo é um discurso muito pessimista, especialmente para as pessoas colonizadas — é um discurso cheio de desesperança sobre o futuro, sobre o cotidiano. Não temos que confrontar apenas o dia a dia — os atos de caminhar, pensar, existir na face da Terra —, mas devemos também confrontar uma imposição da forma, de simetria com as relações dominantes. O mundo colonial pequeno e restritivo reveste o mundo maior, estreitando possibilidades filosóficas contidas pelas estruturas de poder fortalecidas pela narrativa. Mas, parafraseando Audre Lorde (no uso das ferramentas do "senhor") e Friedrich Engels (na economia política), nós não podemos nos contentar em aceitar os termos literários como eles são e operar com eles, falhando em ver que, ao fazer isso, somos confinadas "no interior desse estrito círculo de ideias expressas por esses mesmos termos".[140]

MEU ROMANCE *At the Full and Change of the Moon* é um romance histórico. Mas chamá-lo de romance histórico também não é muito correto, porque essa obra recusa a linearidade que acompanha as ideias sobre a história. O quadro genealógico desenhado na abertura do romance contém o molecular *e* o histórico — esse quadro mapeia a transformação das vidas individuais e coletivas de uma família, na diáspora e como diáspora. (O romance foi minha tentativa de extrapolar o molecular de Gramsci para o histórico.)

Naquela fotografia de família que seria enviada para a Inglaterra, nós não somos o que se poderia chamar de irmãs de sangue — somos três irmãs e uma prima —, mas somos quatro irmãs, ainda assim. Somos irmãs que vivem com sua avó, seu avô e seus tios, e ocasionalmente uma ou duas tias, um primo de segundo grau e vários outros primos e primas. E nossa sociabilidade é construída através daquilo que chamamos de "família vinha de abóbora"* — uma genealogia da sobrevivência.

Então a genealogia de *At the Full and Change of the Moon* também é uma genealogia da sobrevivência, da improvisação e da circunlocução — da família vinha de abóbora. Fazendo referência a esse cosmos, a narrativa começa com uma mulher cujo maior ato no livro é libertar a si mesma e outras pessoas da escravidão por meio do suicídio em massa. Seu pequeno orgulho, como a voz narradora descreve, é ter criado uma filha (Bola) que pode existir livre no mundo. Nós traçamos o fio de sua progênie — e sua decisão de morrer e enviar a criança para um mundo que ela mesma não conheceria — no vicário e idiossincrático mapa genealógico. O principal ponto filosófico do livro é que os descendentes das pessoas que eram escravizadas não devem nada; elas não devem nenhuma satisfação de sua vida e de seu mundo para as pessoas que escravizaram sua avó e seu avô, nem devem ao mundo contemporâneo nenhuma satisfação por ou sobre sua existência. Elas não lhes devem sequer sua atenção. A genealogia é uma autodescrição: essas pessoas estão livres de ser propriedade, e livres da propriedade como aquilo que as

---

* No original, *pumpkin-vine family*: expressão de Trinidad e Tobago para se referir às conexões familiares próximas, não necessariamente consanguíneas. (N. T.)

mantém no mundo. As descrições familiares são errantes e atribuem desejos, intenções e ações. Essas descrições recusam uma linearidade do tipo que poderia fazer referência à riqueza ou ao status social — afinal, representam o mecanismo sobre o qual a riqueza e o status social são construídos. A genealogia do livro é, portanto, uma genealogia de efemeridades pessoais — um mapa que é compreensível e se adere à época das travessias transatlânticas.

Marie Ursule, falecida em 1824.

Kamena, aquilombado, 1824.

Bola, nascida em 1821, falecida em 1921, que era o orgulho de Maria Ursule e cujos olhos choravam um oceano e que amava baleias.

Aquele que não é lembrado, nascido em 1841. Aquelas deixadas no mar, nascidas em 1846, 1849, 1850. Aquele que ela fez na estação de seca, nascido em 1856.

Eugenia, aquela que foi até Bonaire em uma cesta, nascida em 1858. Rafael Simon, que amava objetos de ouro e foi levado para a capital (Venezuela), nascido em 1860.

Emmanuel Greaves, nascido em 1905, casou-se com Cordelia Rojas, nascida em 1903. Prole: Hannah, Gabriel, Alicia.

Aquele que foi levado em um furacão, nascido em 1869, levado em 1875. Aquela que amava bonecas, nascida em 1863. Aquela que ela tirou com limão, nascida em 1865. Aquele que fugiu para Rupununi, nascido em 1875. Aquela que apontou para o mar dizendo "Boto Bayena", que amava passar roupa e que foi levada para Curaçao, nascida em 1865.

Dovett, nascido em 1890, falecido em 1925. Dovett, nascido em 1920, falecido em 1978.

Maya, nascida em 1952. Adrian, nascido em 1959.

A menina que foi inundada em tudo, nascida em 1987.

Aquele que roubou suas pegadas, nascido em 1869, que partiu e encontrou Terre Bouillante sem procurar, 1881. Augusta, aquela do homem cego cuja cabeça ela amava, nascida em 1881.

Private Sones, nascido em 1898.

Querida Mama, nascida em 1919.

As irmãs que foram para a Inglaterra, nascidas em 1936 e 1937. Sese, nascida em 1939. Priest, nascido em 1940. Jó, nascido em 1945. Eula, nascida em 1957.

Bola, nascida em 1982.

A narrativa do mapa desvincula a progênie de Marie Ursule de qualquer referência a um mundo colonial/capitalista. Essa narrativa não contém nenhuma referência ao mundo que escravizou sua avó ou sua bisavó. E quando as figuras protagonistas as encontram, essas estruturas, claro, costumam ser destruídas — ou acham seu caminho de alguma forma. O romance também trata dos encontros e das lidas contínuas das personagens com esse mundo, um mundo que castigou sua tataravó por se rebelar.

Embora não haja escolha senão viver no mundo em que vivem, as gerações descendentes de Marie Ursule herdam sua *noção de liberdade*, o que, de todas as formas possíveis, configura uma rebelião contra as estruturas que aprisionariam as personagens. Isso cria uma vida de epifanias. E também uma vida de perdas.

Essas personagens encontram-se, em sua maioria, sob coação e, portanto, às vezes se veem extremamente vulneráveis a agressões e autossacrifícios. O dom que Marie Ursule lhes concede é este: o dom de se sentirem soberanas. E o fato de serem patologizadas ou sociabilizadas pelas estruturas nas quais vivem não importa para elas. Elas habitam sua soberania. Maria Ursule lhes concedeu seu ato: aquele ato de recusa das formas de vida atribuídas às pessoas escravizadas; seu ato que rejeita essa transação em todas as suas formas. Essa é a recusa que Maria Ursule lhes concedeu. Nem sempre podem habitar a recusa, mas ao menos ela é uma possibilidade.

Minha primeira autobiografia da fotografia de infância falou das diásporas reunidas ao redor, e no interior, do estúdio fotográfico. O sr. Wong pertence à diáspora chinesa. Seus antepassados devem ter sido trazidos da província de Guangdong para Trinidad em um sistema de servidão por contrato iniciado em 1806. Sua arte se desprende dessa utilidade e produz a fotografia.

Outra diáspora de pessoas que foram trazidas nesse esquema de servidão por contrato tem como referência o cinema indiano lá fora, nas cercanias, em uma rua perto da biblioteca. A servidão indiana por contrato interpola a fotografia das quatro meninas. E, no meu romance, Rabindranath Ragoonanan interpola a genealogia de Marie Ursule como "[o] homem cego cuja cabeça ela amava". Do lado de fora do estúdio do sr. Wong e ao longo da High Street, na Mucurapo, na Lord, há pessoas que rastreiam sua existência até essa escravidão pós-escravidão. Os britânicos chamavam isso de trabalho por contrato. Eu localizo Private Sones (no meu romance, filho de Ragoonanan e bisneto de Marie Ursule) no registro da Primeira Guerra Mundial — ele viajará para a Inglaterra e para a Palestina para lutar contra os turcos no monte Damiyah. Seus esforços de assimilação na "pátria mãe" são um fracasso, e ele retorna para redimir seu eu heterogêneo e à espera.

A genealogia da narrativa não pede sincronicidade ou reconciliação com as estruturas de dominação vividas e encontradas. Eu não estava interessada em narrar esforços de superação ou de perseverança diante da crise e da catástrofe. Eu não estava interessada na narrativa de uma vida consciente e voluntária. Sones caminha pela cidade de Culebra em seu terno inglês sufocante como sua própria penitência por ser enganado historicamente e por viver conforme as elaborações e nostalgias do império.

O ARTISTA FRED WILSON, em um ensaio sobre museus, escreve: "O estético anestesia o histórico e mantém essa visão imperial dentro do museu, deslocando aquilo que esses objetos representam".[141] Podemos ler a literatura do império da mesma forma. A nostalgia é o que mantém a literatura do império como algo fundamental para o discurso e para as práticas discursivas. E as críticas lançadas contra os museus que conservam objetos do império, bem como as críticas da literatura do império, são essenciais para o reconhecimento inicial de um valor atribuído a essas coisas — não simplesmente um valor atribuído como literatura do império, mas um certo valor objetivo que circula fora da produção da obra como um objeto imperial.

Os argumentos contra a restituição de peças artísticas ou relíquias roubadas, por exemplo, são argumentos a favor do direito à nostalgia imperial. Alguém pode perguntar: como os corpos roubados podem ser restituídos? E as vidas roubadas? A insistência em conservar os símbolos da conquista, como se fossem diferentes da conquista, como se algum outro valor extrínseco estivesse ligado a esses símbolos — isso é um anseio pelo império; isso é insistir na lógica do império no cotidiano. Esses artefatos são evidências da conquista, são símbolos dos prazeres da conquista, e sua localização e a estima dada a eles nessas localizações repetem os atos de violência e concedem às práticas imperiais uma ideia de revigoramento. Tropos raciais impregnam o argumento de que esses itens não serão cuidados se restituídos; mas, na verdade, os argumentos em torno desses itens ainda são esforços de conservação dos símbolos da nossa morte ou do método da nossa morte. São uma recusa em permitir que um outro significado habite os artefatos — tanto os significados originais quanto os significados futuros. Esses argumentos são uma insistência em que tais artefatos permaneçam no interior de cosmologias imperialistas, e não libertárias.

Se afirmamos que esses textos imperialistas têm um status intocável de objetos de valor estético, e se afirmamos que a literatura cultiva o humano, inspira e ativa uma vida ética; se essas verdades precisam ser ditas; se assumimos essas generalizações que descrevem o que a literatura faz como algo "comum" — então a experiência de uma leitora como eu não pode ser nada além do cultivo de um medo contínuo. E devemos reconhecer que livros como esses, em que as cenas da vida negra são palco para a ambição, o desejo e o progresso brancos, produzem um efeito profundo, entorpecedor e desorientador em uma leitora como eu. Tais relatos contidos nesses romances do imperialismo apenas provocam ansiedade em leitoras como eu, já que, quando lemos, *nós* nos deparamos com o *tempo* no romance mesmo quando simultaneamente é esperado que nos deparemos com essas verdades e generalizações. Uma leitora branca vê um fluxo temporal, nós vemos inércia. Nós conhecemos a duração da escravidão, e sabemos que nenhuma outra vida é possível para a figura protagonista/sujeito negro, nenhuma trajetória de liberdade, uma vez que o alicerce da paisagem, das personagens e do desejo obviamente nos contém como posse. A gama de emoções é limitada nessas obras, e nelas só pode haver luto, medo e melancolia, não felicidade, amor, espanto (a não ser o espanto diante do horror). Em outras palavras, toda a gama de emoções e reparações que um romance poderia oferecer, e afirma-se que oferece, está, a priori, impedida para uma leitora como eu. E, posto de outra forma, nessas cenas, o medo negro está conectado à experiência branca — poderíamos até dizer que isso é feito tipograficamente, já que o efeito em uma leitora como eu é notar a formação das ligaturas em cada frase e experimentá-las como um cataclisma. Quando afirmamos que uma leitora negra como eu não deveria notar esse cataclisma, não deveria notar que o texto é ativo, reconhecendo suas atribuições apenas através das lentes do gosto refinado, nós estamos excluindo essa leitora "do domínio da razão, do julgamento estético e da cultura do gosto modernos", para citar Gikandi em *Slavery and the Culture of Taste*.[142]

O trabalho de narrativizar a vida das pessoas negras é uma tarefa difícil, já que essa vida se localiza em uma coordenada essencial do capital e do poder branco; é localizada no esquema racista descrito pelo capital e pelo poder branco. A tarefa de quem escreve, a tarefa de uma escritora como eu, seja de ficção ou não ficção, textos casuais ou burocráticos, é narrar nossa própria consciência, é recuperar uma vida no registro do social e do político, e não no registro das patologias ou do patológico.

A COLETÂNEA DE FOTOGRAFIAS e palavras de Roy DeCarava *the sound i saw* nos convoca para o espaço sinestésico de nossa vida. A coletânea constrói uma percepção que conduz e instrui nosso olhar e nossos sentimentos em direção às pessoas negras. A obra se movimenta através do aparato sensorial da negritude, desde ruas vazias até interiores virtuosos e criativos. As pessoas comuns e artistas musicais de DeCarava, homens, mulheres, meninos, meninas, são fotografadas com seus dons intelectuais e teóricos, contemplando, estudando, calculando, talvez preocupadas ou maravilhadas, ou envolvidas — *in medias res* — em meio a uma música, em meio a uma composição, em meio a uma colaboração, em meio ao ato de desenhar uma amarelinha, em meio a um treino, em meio à imobilidade. As fotografias em preto e branco são tão profundamente intricadas em termos de luz e sombra que parecem pertencer não à pessoa que vê-lê-interpreta, mas ao sujeito da fotografia. Qualquer possível interpretação racista é uma frivolidade diante do gênio da vida negra no centro das obras. As ruas cavernosas e os cortiços chamuscados e arruinados em contraste com os meninos solitários; as enormes adversidades, e então o rosto contemplativo de Coltrane, os rostos ainda mais próximos de Marian Anderson e Billie Holiday em meio a uma música; e então uma criança pequena muito bem-vestida de pé na calçada limpa, o cortiço fortuito assomando atrás. Os trabalhos físicos e os trabalhos criativos se alternam, como o interior e o exterior. Em suas fotografias, DeCarava recusa a interrupção a cada minuto, a cada exposição. Suas fotografias localizam a interrupção em sua verdadeira proporção com o todo vivido.

A pintora interdisciplinar Torkwase Dyson tem uma série de obras chamada *Hypershapes* na qual ela desenha, imagina, uma miríade e os intricados ângulos, aspectos, distâncias e escalas do "olhar" a partir dos porões dos navios da travessia transatlântica. Ela desenha/imagina centenas de desenhos do olhar que analisam e extrapolam o porão. Com ela, imaginamos os milhões de cálculos nessas milhares de viagens, os milhões de linhas de visão, os trilhões de geometrias imaginadas das pessoas no porão. Eu me pergunto como seria abrigar uma literatura nessas geometrias.

E Gwendolyn Brooks tem a resposta. *Maud Martha* é um exemplo, na ficção, de uma narrativa que atende à sua própria expressão, que descreve sua própria consciência. Em *Maud Martha* há uma consciência desimpedida da demanda de se localizar em uma posição adjacente à figura espectadora que deseja deslocar essa consciência ou torná-la inanimada e tangencial. A mente se abre em quem lê. Brooks arranja uma vida comum, sem uma figura espectadora investida na violência como o único código ou a única forma de fazer referência a essa vida:

> Subindo a rua, misturadas ao vento, irrompiam as crianças, virando a esquina no pátio da escola de tijolos vermelho-amarronzados. Era maravilhoso. Fragmentos de rosa, azul, branco, amarelo, verde, roxo, marrom, preto, carregados por pequenos

> caules marrons, amarelos ou marrom-escuros, soprados pelo cinza rude e pela decadência dos prédios de dois andares, mais além dos pequenos pedaços de terra e grama [...]. Havia vida nos prédios. Passando por essas pequenas vidas, as crianças irrompiam.[143]

As crianças na descrição de Brooks podem ser muito semelhantes às quatro crianças na fotografia tirada no estúdio do sr. Wong. Seu desarranjo ainda não foi alcançado pela violência da pedagogia colonial. Sem dúvida a violência pressagia e paira acima da presença delas, mas seus desejos e a consciência de seu ser são os detalhes cruciais em primeiro plano. A narradora de Brooks *vê* aquelas crianças. Em certo sentido, as crianças na fotografia do sr. Wong também escapam à referência da colônia — elas ainda têm que ser pegas. Sua fuga é registrada em sua desordem, no medo, no pânico, em seu choro, na distância — sinais de sua soberania —, em sua resistência de serem reunidas ali.

A beleza de *Maud Martha* é que a obra assume esse ponto de vista soberano, e é nessa *abordagem* que o livro localiza sua protagonista e o mundo. As reflexões da personagem Maud Martha também ocupam o terreno filosófico central, não um espaço parcial ou adjunto. Brooks escreve:

> As pessoas precisam constantemente escolher algo em que se apoiar, pensou Maud Martha. As pessoas têm de confiar em alguma coisa.
>
> Mas o amor de uma pessoa só não é suficiente. Não apenas o amor pessoal, por melhor que fosse, era uma coisa que variava semana a semana, segundo a segundo, mas as partes envolvidas

> nele podiam, por exemplo, morrer a qualquer minuto, ou, de outra forma, ser apartadas ou destruídas [...].
>
> Poderia ser a natureza, que possui uma semente, uma raiz ou um elemento (como você quiser chamar) de constância, atuando sob todo esse sistema de mudanças. É claro que dizer "sistema" implicaria todo um arranjo e, portanto, alguma ordem de constância.[144]

Brooks sugere um "nós" totalmente diferente, que acena para uma leitora como eu, com familiaridade, com uma proposição, com um convite para construir a coerência da narrativa sem exigir a presunção de uma localização abjeta. Trata-se de um "nós" ao qual essa leitora pode ser reunida.

Em seu conto "Rivers", do livro *Counternarratives*, John Keene oferece uma réplica para *As aventuras de Huckleberry Finn*, de Mark Twain. No centro da história de Keene está James Rivers, que encontramos no pós-Guerra Civil. James Rivers não é o Jim do livro de Twain. Rivers reconta a ocasião quando um repórter que deveria entrevistá-lo sobre "a guerra e sua participação nela" faz uma pergunta sobre "aquele menino" (Huck Finn), que ele havia visto apenas duas vezes nos últimos quarenta anos. A história principia: "Eu gostaria de saber, o repórter começa, sobre o tempo que você e aquele menino [...] e eu torno a silenciá-lo virando a cabeça e pensando comigo mesmo [...]".[145] E o que se segue é uma lista parcial dos lugares em que ele esteve e das batalhas que lutou naquilo que chama de "a primeira grande guerra pela *nossa* liberdade".[146] Esse *nossa*, grafado em itálico no texto de Keene, é muito claro — o *nossa* se refere à liberdade negra, e se contrapõe àquele *nós* violento sobre o qual escrevi antes.

A pergunta do repórter e sua demanda narrativa querem fazer Rivers retornar a um tempo e a um lugar que ele se esforçou para esquecer — ou, talvez, para falar mais propriamente, querem devolvê-lo a um ponto que não é o ponto da vida dele. A pergunta do repórter o devolveria à narrativa de Twain, na qual o menino/homem branco, e não James Rivers, está no centro, mas Rivers tem sua própria narrativa. E Keene nos oferece a narrativa de James Rivers, primeiro com um rosto virando-se em recusa, e então por meio da rememoração de um encontro com Tom (Sawyer) no qual a necessária dissimulação, evidenciada na gramática do futuro do pretérito, é vista na página, em sucessivos parágrafos que iniciam com: "Pensei em dizer ao menino", "Pensei em dizer", "Pensei em dizer", "Pensei em contar de novo", "Pensei em narrar", "Penso em concluir".[147] O corpo da história fala sobre a vida de Rivers, e não de sua performance em um romance picaresco *sobre* um menino branco. Como Brooks, Keene torna explícito o ato de insuflar vida no mundo arruinado da colonialidade.

Este fim fala de uma casa

Eis uma casa com uma janela, como o tipo de janela cheia de expectativas frescas no primeiro parágrafo do romance de Merle Hodge, *Crick Crack, Monkey*:

> Havíamos nos posicionado na janela da frente, de pé em uma cadeira. Tantie disse que aquilo era uma estupidez, pois eles poderiam não voltar até a manhã seguinte ou mesmo por dias, mas, se quiséssemos ficar ali na janela na ponta dos pés por uma semana, tudo bem por ela, desde que descêssemos em algum momento para tomar banho.[148]

Às vezes essa casa fica bem afastada, em um lugar arborizado, às vezes perto de um rio, perto do mar ou subindo por um caminho irregular. Às vezes ela se encontra entre muitas casas iguais. Às vezes não é uma casa, mas uma fábrica, ou um longo barracão onde, há muito tempo, o cacau ou a polpa do coco eram postos para secar em uma bandeja enorme, e durante o dia o telhado era aberto para deixar o sol fazer o trabalho dele. Há uma imagem dessas na exposição *Fragments of Epic Memory*, de 2021, na Art Gallery of Ontario. Na exposição e no catálogo, há uma fotografia de uma menina com uma cesta de vime sentada em um telhado. É o tipo de telhado que serve como bandeja usada para secar o cacau ou a polpa de coco. Durante o dia, quando o sol está brilhando, a cobertura do teto é aberta por uma polia, revelando as bandejas. Há um menino mexendo no cacau em uma das bandejas, e três homens diante de outras três. O cheiro do cacau secando e fermentando é sentido por quilômetros, tenho certeza. As pessoas vivem lá embaixo, em barracos. E as mesmas coisas que aconteceram na minha casa também aconteceram ali — manhãs, tardes, noites. Mas aquela fotografia foi tirada há muito tempo. Essa casa, como a minha, tem suas origens naquele que George Lamming chamou de "o lugar da produção", que eram as Américas, o arquipélago caribenho. Barracões ou habitações individuais, essas arquiteturas surgiram sem grandes intenções para abrigar pessoas queridas ou amadas. Essas arquiteturas surgiram na escravidão. Essas arquiteturas eram/são convenientes para o capital. Um desejo de viver em uma casa, um alívio encontrado em determinada paisagem, uma entrada, uma porta, degraus e assoalhos podem indicar uma nostalgia perigosa ou incomum. Mas outras coisas foram e são feitas nessas casas. Coisas como a vida. Convivência. Coisas afetivas — cabelos foram penteados, corpos foram banhados, refeições foram preparadas, nomes foram dados, músicas foram criadas e cantadas. Pessoas foram amadas e pranteadas. Conspirações foram tramadas contra a plantation. Conspirações foram tramadas contra o Estado. Planos foram feitos para a vida depois. Tudo isso, e mais, aconteceu em uma casa com uma janela e uma cortina soprada pelo vento.

Essa casa é uma habitação individual. Essa é a casa onde eu quero viver. Essa é a casa onde eu sempre quis viver. Essa não é a casa onde eu vivi. Essa é a casa que eu vi e pela qual me apaixonei. É uma casa com a qual estou familiarizada, uma casa de campo, uma casa de madeira. Há duas janelas em cada lado, um telhado de duas águas que se inclina e se achata na parte de trás. Há um telhado galvanizado que amplifica o som da chuva. Há uma varanda na frente que acessamos por três portas, duas com venezianas até em cima, e a porta central serrada de modo que a parte de cima abre, e você pode se apoiar sobre a parte de baixo enquanto fala com alguém lá fora. Nessa casa, o aço galvanizado está enferrujando, se desfazendo em pedaços porosos bem avermelhados. A varanda está desgastada, cheia de sulcos de tatuzinhos-de-jardim na superfície de madeira, mas ainda é sólida em algumas partes. A cozinha fica nos fundos da casa. As louças e panelas de ágata estão dispostas em um balcão, cobertas por um pano. A cozinha tem uma janela com um basculante na parte superior, que você abre com uma vassoura. Há o que chamamos de cofre na sala de estar, que guarda todas as xícaras de porcelana para quando há visitas. A casa se sustenta sobre estacas, e às vezes você pode descer, pode criar cachorros ou galinhas ali, ou cabras ou nada. Às vezes a casa não se sustenta em estacas. Dentro da casa, por algumas tábuas do piso, você pode às vezes ver a terra embaixo, pode às vezes sentir o movimento do ar, uma brisa ou algo parecido. Você também pode ver uma cobra deslizando ou um lagarto. Se encostar o ouvido nas tábuas do piso, pode ouvir o vento. Os pisos dos cômodos são bem polidos, há cadeiras Morris, uma mesa de madeira e duas cadeiras de ráfia. Em cima da mesa há uma lamparina. No quarto há uma cama e uma mesinha com uma jarra e uma bacia, perto da porta. De início essa jarra e essa bacia, amarelas e brancas com flores, são de cerâmica, preciosas. Então, quebrada a jarra, a bacia provoca tristeza, sendo a única coisa boa na casa. A nova jarra é de ágata, com uma borda vermelha; a bacia tem uma borda azul. Essa é a minha casa. E há outras casas como ela não muito longe, pegando-se uma estrada. Ou perto de uma estrada. E toda estrada é de cascalho e fica longe de algum lugar. Há árvores e vinhas ao redor dessas casas, ou flores. Às vezes essa casa fica em cima de uma colina íngreme. Qualquer casa que venha depois não se compara a essa casa em termos de segurança ou dificuldade. Não existem conversas mais particulares do que as conversas que acontecem nessa casa e em casas como essa. Não há preocupações mais sofridas, nem um conforto que traga mais alívio. Essa casa é um refúgio e um resgate.

Essa minha casa é pequena, sumária, está prestes a desmoronar. Mas, se assim for, ela desmorona de um lado ou de outro, nunca ao ponto de se tornar inabitável para nós. Os degraus da frente apodrecem ou são castigados pela chuva. O telhado goteja e é temporariamente coberto com tábuas de madeira ou aço galvanizado. Um remendo de algum tipo. Ou se põe um balde embaixo da goteira, e outra goteira se forma quando a pessoa pensa que isso era tudo a ser feito. Então uma tigela é posta ali para coletar a nova água. E a lembrança de que a água da chuva é boa. Essa casa costuma se inclinar. Em qualquer direção. Mas há uma cortina na entrada. E há cortinas nas janelas. Quando há brisa, a cortina é soprada para dentro e para fora, gentilmente.

Essa é a casa onde eu sempre morei. É a casa que eu dupliquei em todas as casas em que morei, em cada apartamento, em cada cômodo. Eu não posso morar realmente nessa casa, mas, para ser precisa, algumas partes minhas sempre viveram nessa casa, e algumas partes minhas desejam viver nessa casa, obviamente. Eu olho para essa casa com o sentimento de que estou abandonando alguém, alguém que precisa de mim.

Eu saí dessa casa, saí da fotografia, saí para ler e estragar os meus olhos. E quando olho para trás, eu vejo essa casa e tudo o que ela salvou do lugar da produção.

Agora eu me pergunto se o fim de *Minty Alley* sempre influenciou a forma como eu olho para as casas quando passo por elas à noite. Haynes está diante da casa na qual havia morado em Minty Alley; outra família ocupa a casa agora, e uma criança toca piano na sala de estar: "A porta da frente e as janelas estavam abertas e, da rua, ele podia ver a sala de estar [...]. Ela tocava o piano sem descanso enquanto ele, lá fora, olhava pela janela e pensava nos velhos tempos".[149]

Talvez o todo de *Minty Alley* tenha ressoado através do conjunto de casas em que eu vivia, Mon Repos, meu descanso, em seus quintais, nas ruas riscadas de amarelinhas. E eu, como Haynes, observo, mas participo apenas de uma pequena parte das dinâmicas do dia a dia, das paixões da vida. A não ser como narrativa.

Agradecimentos

A gratidão não é suficiente, mas é tudo o que tenho: Christina Sharpe, Rinaldo Walcott, Canisia Lubrin, por todas as conversas contínuas e sem fim; Tina Campt, que me concedeu tempo em Princeton; Saidiya Hartman, que me orientou em Veneza e em outros lugares; Torkwase Dyson, que me mostrou a escala de Toronto até o deserto; Lynn Henry, Eric Chinski, editora e editor que me concederam seu tempo e suas observações rigorosas, abundantes, generosas e valiosas; Sarah Chalfant, Charles Buchan, Jackie Ko, Kristi Murray da The Wylie Agency, que estão sempre ao meu lado abrindo os caminhos; Jan Anderson, leitora meticulosa e guru das citações; Emma Lockhart e Hilary Lo, detalhistas do manuscrito; *Brick Magazine*, onde a parte deste livro sobre *Aguirre, a cólera dos deuses*, de Werner Herzog, foi publicada pela primeira vez; o Centre for Literatures, a Universidade de Alberta e a Kreisel Lecture de 2019, onde parte de "uma autobiografia" foi apresentada e publicada pela primeira vez; All Souls College Oxford, onde parte deste livro sobre as "elisões violentas" foi apresentada como a palestra "Atlantic Slavery and its Aftermaths", em 2024.

Licenças e créditos

p. 17. "What We Can Learn from Elizabeth Barrett Browning's Years in Lockdown", por Fiona Sampson, publicado no *Guardian*. Copyright: Guardian News & Media Ltda., 2024. Uso autorizado.

pp. 35-7. Trechos de *Beyond a Boundary*, por C. L. R. James, publicado pela Vintage Classics. Copyright © Executor do patrimônio de C. L. R. James, 1963. Reimpresso com autorização do The Random House Group Limited.

p. 114-5. "Truss to Push ahead with Low-Tax Economy Despite Calls for Caution", por Peter Walker e Rupert Neate, publicado no *Guardian*. Copyright: Guardian News & Media Ltda., 2024. Uso licenciado.

pp. 137-45. Trechos de *Foe*, por J. M. Coetzee. Copyright © J. M. Coetzee, 1986. Reimpresso com autorização do The Random House Group Limited. Ebook e reprodução do áudio utilizados com a permissão de Peter Lampack Agency, Inc.

pp. 151-60. Trechos de *Crusoe's Footprint*, por Patrick Chamoiseau, trad. de Jeffrey Landon Allen e Charly Verstraet, pp. 13, 14, 17, 20, 22, 24, 29, 30, 45, 109, 110. © 2022 Rector and Visitors of the University of Virginia. © Editions Gallimard, Paris, 2012. *L'Empreinte a Crusoe*. Reimpresso com autorização da University of Virginia Press e Editions Gallimard.

pp. 162-3. Trecho de *Palace of the Peacock*, por Wilson Harris, publicado pela Faber and Faber Ltda. Uso autorizado.

pp. 190-1, 235. Trechos de *Minty Alley*, por C. L. R. James, publicado pela Penguin. Copyright: © C. L. R. James, 1936, 1971. Reimpresso com autorização da Penguin Books Limited.

Notas

1. Ficre Ghebreysus, *Solitary Boat in Red and Blue*. Ficre Ghebreyesus Fine Art, LLC. A pintura pode ser vista em: <ficre-ghebreyesus.com/painting>.
2. Dionne Brand, *Inventory*. Toronto: McClelland and Stewart, 2006, p. 92.
3. Remedios Varo, *Exploración de las fuentes del río Orinoco*, 1959.
4. *Ever Given*, um dos maiores navios porta-contêineres do mundo. Operado pela Evergreen Marine (Taiwan), registrado no Panamá, tecnicamente gerenciado pela Bernhard Schulte Shipmanagement, uma empresa alemã.
5. Jon Gambrell, "Massive Cargo Ship Turns Sideways, Blocks Egypt's Suez Canal". *Associated Press*, 23 mar. 2021.
6. O *Bibby Stockholm* era uma balsa sem motor usada como um complexo de acomodação. Em abril de 2023, os governos do Reino Unido usaram a embarcação para abrigar pessoas em busca de asilo no Porto de Portland, em Dorset.
7. Conhecidos como *convict hulks* ou *prison hulks*. O primeiro navio desse tipo era chamado de *Justitia*.
8. Mike Thomson, "Migrant Crisis: Tunisian Fisherman Finds Dead Bodies in His Net". *BBC*, 20 jun. 2023.
9. O quadro de J. M. W. Turner, de 1840, era conhecido como *The Slave Ship* [O navio negreiro].
10. John Ruskin, "Of Water as Painted by Turner". *Modern Painters*, 1846. v. 1, pp. 537-73.
11. Saskia Sassen, *Expulsions: Brutality and Complexity in the Global Economy*. Cambridge: The Belknap Press of Harvard University Press, 2014.
12. Fiona Sampson, "What We Can Learn from Elizabeth Barrett Browning's Years in Lockdown". *Guardian*, 15 fev. 2021.
13. Harriet Jacobs, *Incidents in the Life of a Slave Girl: Written by Herself*. Boston: Thayer and Eldridge, 1861.

14. Simone Leigh, *Loophole of Retreat*. Bienal de Veneza, Pavilhão dos Estados Unidos, 7-9 out. 2022. Disponível em: <https://simoneleighvenice2022.org/loophole-of-retreat/>.
15. Toni Morrison, *Beloved*. Nova York: Penguin Books, 1988; Tsitsi Dangarembga, *Nervous Conditions*. Londres: The Women's Press, 1988; Sam Selvon, *The Lonely Londoners*. Toronto: TSAR Publications, 1991; Edwidge Danticat, *The Farming of Bones*. Nova York: Soho Press, 1998; John Keene, *Counternarratives*. Nova York: New Directions Publishing Corp, 2015.
16. Cunard era uma companhia de transporte marítimo popular, fundada em 1839 por Samuel Cunard, com o slogan "Chegar lá é só metade da diversão".
17. Samuel Selvon, *The Lonely Londoners*. Toronto: TSAR Publications, 1991, p. 7.
18. C. L. R. James, *Beyond a Boundary*. Durham: Duke University Press, 1993, p. 39.
19. Ibid., p. 39.
20. Ibid., pp. 39-40.
21. Ibid., p. 40.
22. Ibid., pp. 40-1.
23. Ibid., pp. 41-2.
24. Lisa Lowe, *The Intimacies of Four Continents*. Durham, NC: Duke University Press, 2015, p. 81.
25. William Makepeace Thackeray, *Vanity Fair*. Londres: J.M. Dent & Sons, 1930, p. 13.
26. Ibid., p. 8.
27. Ibid., p. 5.
28. Edward Said, *Culture and Imperialism*. Londres: Vintage, 1994, p. 73. [Ed. bras.: *Cultura e imperialismo*. Trad. de Denise Bottmann. São Paulo: Companhia de Bolso, 2011. As citações da obra neste livro acompanham essa tradução para o português.]
29. O Tratado de Amiens foi assinado em 1802, durante as Guerras Napoleônicas, e então o conflito cessou por pouco mais de um ano. O interesse dessas guerras era a posse colonial. Em Amiens, a França recuperou todas as suas colônias. A Grã-Bretanha tomou o Sri Lanka (então Ceilão) e Trinidad respectivamente da Alemanha e da Espanha. O Cabo da Boa Esperança ficou para a Holanda.
30. W. M. Thackeray, *Vanity Fair*, op. cit., p. 328.

31. W. M. Thackeray, *The History of Henry Esmond*. Nova York: MacMillan, 1902, p. vii.
32. Simon Gikandi, "Aesthetic Reflection and the Colonial Event: The Work of Art in the Age of Slavery". *Journal of the International Institute*, v. 4, n. 3, primavera/verão 1997. Disponível em: <https://quod.lib.umich.edu/j/jii/4750978.0004.306?view=text;rgn=main>.
33. W. M. Thackeray, *Henry Esmond*, op. cit., p. ix.
34. Ibid., p. x, p. viii.
35. Sylvia Wynter, "Novel and History, Plot and Plantation". *Savacou*, v. 5, jun. 1971, p. 95.
36. Édouard Glissant, *Poetics of Relation*. Ann Arbor: University of Michigan Press, 1997, p. 117.
37. Dionne Brand, "At the Lisbon Plate". In: ______. *Sans Souci, and Other Stories*. Stratford: Williams-Wallace, 1988, p. 112.
38. Christina Sharpe, comunicação pessoal, out. 2018.
39. Charlotte Brontë, *Jane Eyre*. Oxford: New Windmill Classics, 1993, p. 188. [Ed. bras.: *Jane Eyre*. Trad. de Adriana Lisboa. Rio de Janeiro: Zahar, 2018. As citações da obra neste livro acompanham essa tradução para o português.]
40. Ibid., pp. 198-9.
41. Ibid., p. 219.
42. Ibid., p. 225.
43. Jean Rhys, *Wide Sargasso Sea*. Londres: World Books, 1967, p. 160.
44. Rinaldo Walcott, *The Long Emancipation*. Durham: Duke University Press, 2021, p. 55.
45. Charlotte Brontë, *Jane Eyre*. Oxford: New Windmill Classics, 1993, p. 61.
46. Kevin Adonis Browne, "Preface to a Memory of Dominica". *Brick*, n. 103, verão, pp. 91-2.
47. Sven Lindqvist, *A History of Bombing*. Nova York: The New Press, 2001, p. 31.
48. Virginia Woolf, *A Room of One's Own*. Londres: Hogarth Press, 1935, p. 98.
49. Aphra Behn, *Oroonoko, or The Royal Slave*. Nova York: W.W. Norton and Company, 1973, pp. 1-4.
50. Ibid., pp. 3-4.
51. Ibid., p. 5.
52. Ibid., p. 6.

53. Ibid., p. 8.
54. Ibid., p. 7.
55. Ibid., p. 38.
56. Ibid., pp. 40-1.
57. Ibid., p. 42.
58. Ibid., pp. 42-3.
59. Ibid., p. 43.
60. Ibid., pp. 54, 57.
61. Ibid., p. 57.
62. Ibid., pp. 60-1.
63. Ibid., p. 68.
64. Ibid., p. 77.
65. Zakiyyah Iman Jackson, *Becoming Human*. Nova York: New York University Press, 2020, p. 35.
66. Buzz Bissinger, "Tiger in the Rough". *Vanity Fair*, fev. 2010.
67. Wendy L. Moore e Joyce M. Bell, "Embodying the White Racial Frame: The (In)Significance of Barack Obama". *The Journal of Race & Policy*, v. 6, n. 1, pp. 122-37, 2010.
68. Daniel Defoe, *The Life and Adventures of Robinson Crusoe*. Boston: D. Lothrop and Company, 1884, p. 4. [Ed. bras.: *Robinson Crusoé*. Ed. coment. e il. Trad. de José Roberto O'Shea. Rio de Janeiro: Zahar, 2021. Clássicos Zahar. As citações da obra neste livro acompanham essa tradução para o português.]
69. Ibid., p. 14.
70. Ibid., p. 15.
71. Ibid., p. 26.
72. Ibid.
73. Dionne Brand, *A Map to the Door of No Return*. Toronto: Vintage Canada, 2001, p. 207. [Ed. bras.: *Um mapa para a porta do não retorno: Notas sobre pertencimento*. Trad. de Jess Oliveira e floresta. São Paulo: A Bolha, 2022.] Há muitos exemplos registrados nos diários de Père Labat. "Eles vão para as colônias para converter os selvagens."
74. D. Defoe, *The Life and Adventures of Robinson Crusoe*, op. cit., p. 30.
75. Ibid., p. 31.
76. Ibid., pp. 35-6.
77. Peter Walker e Rupert Neate, "Truss to Push Ahead with Low-Tax Economy Despite Calls for Caution". *Guardian*, 4 set. 2022.

78. D. Defoe, *The Life and Adventures of Robinson Crusoe*, op. cit., pp. 89-90.
79. Ibid., p. 90.
80. W. E. B. Du Bois, "The Souls of White Folk". In: *Darkwater: Voices from Within the Veil*. Nova York: Harcourt, Brace and Company, 1921, p. 30.
81. D. Defoe, *The Life and Adventures of Robinson Crusoe*, op. cit., p. 155.
82. Ibid., p. 159.
83. Ibid., pp. 192-3.
84. Ibid., pp. 160-1.
85. Ibid., p. 190.
86. Matthew Watson, "Crusoe, Friday and the Raced Market Frame of Orthodox Economics Textbooks". *New Political Economy*, v. 23, n. 5, pp. 544-59, set. 2018.
87. D. Defoe, *The Life and Adventures of Robinson Crusoe*, op. cit., pp. 267-8.
88. Ibid., pp. 176-7.
89. J. M. Coetzee, *Foe*. Nova York: Penguin Books, 1987, p. 18. [Ed. bras.: *Foe*. Trad. de José Rubens Siqueira. São Paulo: Companhia das Letras, 2016. As citações da obra neste livro acompanham essa tradução para o português.]
90. Ibid., p. 23.
91. Ibid., p. 29.
92. Ibid., p. 30.
93. Ibid., p. 37.
94. Ibid., p. 39.
95. Marlen Haushofer, *The Wall*. Londres: Quartet Books, 2013, p. 68.
96. Ibid., p. 45.
97. Ibid., pp. 60-1.
98. J. M. Coetzee, *Foe*, op. cit., p. 142.
99. Ibid., p. 143.
100. Ibid., p. 149.
101. James Weldon Johnson, *The Autobiography of an Excolored Man*. Nova York: Hill and Wang, 1960, p. 21.
102. Ibid., pp. 21-2.
103. Herman Melville, *Benito Cereno*. Nova York: Dover Publications, 1990, pp. 103-4.
104. Ibid., pp. 102-3.

105. Chinua Achebe, "African Author Chinua Achebe". Entrevista a Bill Moyers. 29 set. 1988. Disponível em: <www.billmoyers.com/content/chinua-achebe>.
106. Patrick Chamoiseau, *Crusoe's Footprint*. Trad. Jeffrey Landon Allen e Charly Verstraet. Charlottesville, VA: University of Virginia Press, 2022, pp. 13-4.
107. Ibid., p. 17.
108. Ibid., p. 20.
109. Ibid., pp. 22, 24.
110. Ibid., pp. 29-30.
111. Ibid., p. 45.
112. Ibid., pp. 109-10.
113. Anna Julia Cooper, *A Voice from the South*. Nova York: Oxford University Press, 1988, p. 103.
114. Toni Morrison, *Beloved*. Nova York: Penguin Books, 1988, p. 5. [Ed. bras.: *Amada*. Trad. de José Rubens Siqueira. São Paulo: Companhia das Letras, 2018. As citações da obra neste livro acompanham essa tradução para o português.]
115. Toni Morrison, "Home". In: *The House that Race Built*. Nova York: Pantheon Books, 1997, p. 10.
116. P. Chamoiseau, *Crusoe's Footprint*, op. cit., p. 162.
117. Wilson Harris, *Palace of the Peacock*. Londres: Faber & Faber, 1960, pp. 51-2.
118. Kenneth Ramchand, epílogo a *Palace of the Peacock*, op. cit., p. 130.
119. Édouard Glissant, *Caribbean Discourse*. Charlottesville: University Press of Virginia, 1989, p. 145.
120. Ignatius Sancho, *Letters of the Late Ignatius Sancho, an African: To which are Prefixed, Memoirs of his Life*. Londres: J. Nichols and C. Dilly, 1783, pp. 96-8.
121. Quobna Ottobah Cuguano, *Thoughts and Sentiments on the Evil of Slavery*. Londres: Penguin Classics, 1999, pp. 10-2.
122. Jane Austen, *Mansfield Park*, v. II. Londres: J. Murray, 1816, pp. 74-5. [Ed. bras.: *Mansfield Park*. Trad. de Hildegard Feist. São Paulo: Companhia/Penguin, 2014. Clássicos. As citações da obra neste livro acompanham essa tradução para o português.]
123. Ibid., p. 5.
124. Ibid., v. I, p. 62; v. II, pp. 9 e 13.
125. Edward Said, *Culture and Imperialism*. Londres: Vintage, 1994, p. 112.

126. Simon Gikandi, *Slavery and the Culture of Taste*. Princeton: Princeton University Press, 2011, p. 149.
127. George Lamming em "The Present Future of Caribbean Literature and Cultural Studies Symposium", parte 2. *An Academic Symposium in honor of Sandra Pouchet Paquet, Professor Emerita of English at the University of Miami*, mar. 2010, 5'30"-6'30". Disponível em: <https://www.youtube.com/watch?v=7zc5L2u2ugw>.
128. E. Said, *Culture and Imperialism*, op. cit., p. 89.
129. Ibid., pp. 106 e 115.
130. Dionne Brand, *Inventory*, op. cit., p. 3.
131. Ibid.
132. Kim Johnson, *The Illustrated Story of Pan*. Porto da Espanha: University of Trinidad and Tobago Press, 2011, p. 23.
133. C. L. R. James, *Minty Alley*. Londres: New Beacon Books Ltd., 1971, p. 22.
134. Ibid., p. 206.
135. Ibid., p. 226.
136. Richard Wright, Introdução. In: George Lamming. *In the Castle of My Skin*. Nova York: Collier Books, 1953, p. vii.
137. DeCarava, Roy e Langston Hughes, *The Sweet Flypaper of Life*. Nova York: Hill and Wang, 1967, p. 92.
138. Mark Twain, *Pudd'nhead Wilson and Those Extraordinary Twins*. Nova York: P. F. Collier and Son, 1894, p. 3.
139. Apud comunicação pessoal do professor emérito dr. William Belhouewer, outono 2019.
140. Friedrich Engels, prefácio para a edição inglesa de *O Capital*, de Karl Marx (Moscou: Progress Publishers, 1887, p. 20): "A economia política geralmente tem se limitado a tomar os termos da vida comercial e industrial tal como eles se apresentam e a operar com eles, sem se dar conta de que, com isso, confina-se a si mesma no círculo estreito das ideias expressas por aqueles termos". [Citado aqui em tradução de Rubens Enderle para *O Capital*, livro 1: *O processo de produção do capital*. 3. ed. São Paulo: Boitempo, 2023.]
141. Ivan Karp e Fred Wilson, "Constructing the Spectacle of Culture in Museums". In: Ressa Greenberg, Bruce W. Ferguson e Sandy Nairne (Orgs.). *Thinking About Exhibitions*. Nova York: Routledge, 1996, p. 181.

142. Simon Gikandi, *Slavery and the Culture of Taste*. Princeton: Princeton University Press, 2011, p. 5.
143. Gwendolyn Brooks, *Maud Martha*. Nova York: Harper and Brothers Publishers, 1953, p. 5. [Ed. bras.: *Maud Martha*. Trad. de floresta. São Paulo: Companhia das Letras, 2023. As citações da obra neste livro acompanham essa tradução para o português.]
144. Ibid., pp. 100-1.
145. John Keene, "Rivers". In: *Counternarratives*. Nova York: New Directions Publishing, 2015, p. 219.
146. Ibid.
147. Ibid., pp. 222-5.
148. Merle Hodge, *Crick Crack, Monkey*. Kingston: Heinemann Publishers Caribbean Ltd., 1981, p. 1.
149. C. L. R. James, *Minty Alley*, op. cit., p. 244.

ESTA OBRA FOI COMPOSTA POR MARI TABOADA EM DANTE PRO E IMPRESSA EM OFSETE PELA GRÁFICA SANTA MARTA SOBRE PAPEL PÓLEN NATURAL DA SUZANO S.A. PARA A EDITORA SCHWARCZ EM SETEMBRO DE 2025